Esther Girsberger

Eveline Widmer-Schlumpf
Die Unbeirrbare

Esther Girsberger

Eveline Widmer-Schlumpf
Die Unbeirrbare

orell füssli Verlag AG

Lektorat: Marion Elmer, Zürich
Umschlagfoto: Martin Rütschi, © Eveline Widmer-Schlumpf
Umschlaggestaltung: David Hauptmann, HAUPTMANN & KOMPANIE Werbeagentur, Zürich
Druck: fgb • freiburger graphische betriebe, Freiburg

ISBN: 978-3-280-06124-4

Bibliografische Information der Deutschen Nationalbibliothek:
Die Deutsche Nationalbibliothek verzeichnet diese Publikation in der Deutschen Nationalbibliografie; detaillierte bibliografische Daten sind im Internet über http://dnb.d-nb.de abrufbar.

FSC
www.fsc.org
MIX
Papier aus verantwortungsvollen Quellen
FSC® C106847

Inhalt

Vorwort

Kaum ein Mitglied der Landesregierung stand während Monaten, gar Jahren so unter Beobachtung wie Eveline Widmer-Schlumpf. Privat weiss man allerdings bis heute wenig von der Bundesrätin, die von ihrer Partei, der SVP, ausgeschlossen wurde. Ich begegnete Eveline Widmer-Schlumpf in meiner Tätigkeit als Medienschaffende und Moderatorin öfters an Veranstaltungen. Bereits vor ihrer Wahl in den Bundesrat weckte sie, damals noch Bündner Regierungsrätin, mein Interesse. Wer ist diese Frau, die Tochter des ehemaligen Bundesrats Leon Schlumpf? Wie ist sie aufgewachsen? Wie kam sie zur Politik? Was treibt sie an? Und welche Grundhaltung prägt ihren politischen Stil? Was fasziniert sie an einem Exekutivamt, das sie zunächst als Regierungsrätin, danach als Bundesrätin ausübte? Warum nahm sie trotz der zu erwartenden widrigen Umstände die Wahl in die Landesregierung an?

Im November 2009, an der Feier der frisch gewählten Nationalratspräsidentin Pascale Bruderer Wyss, gab ich meinem Interesse nach. Zwischen Stuhl und Bank fragte ich die anwesende Bundesrätin, wie sie einem Buchprojekt, bestehend aus Interviews und biografischem Teil, gegenüberstehen würde.

Eveline Widmer-Schlumpf sagte nicht Nein. Mitte März 2010 traf ich die damalige Vorsteherin des Justiz- und Polizeidepartements zum ersten Mal in ihrem Büro in Bern. Der Orell Füssli Verlag hatte schon im Vorfeld grosses Interesse an der Buchidee gezeigt, sodass ich der Bundesrätin konkrete Vorschläge machen konnte. Eveline Widmer-Schlumpf sagte zu, unter der einzigen Bedingung, dass vor der Gesamterneuerungswahl der Landesregierung im Dezember 2011 nichts über das Buchprojekt bekannt werden dürfe. Was mich und den Verlag in Verlegenheit brachte. Einerseits bedeutete das, dass ich für den biografischen Teil nur mit Leuten sprechen konnte, die sich dieser Geheimhaltungspflicht unterziehen würden. Andererseits war damit klar, dass das Buch bei Erscheinen nicht topaktuell sein würde: Wegen des durch die Buchproduktion bedingten Abgabetermins Ende September 2011 konnten die entscheidenden Wochen vor und nach den eidgenössischen Parlamentswahlen am 23. Oktober nicht mehr berücksichtigt werden; ebenso wenig die aktuellen Entwicklungen, etwa bei den Finanzgeschäften. Dennoch entschieden wir uns für die Publikation. Schliesslich ging es insbesondere darum, den Menschen hinter der Politikerin Eveline Widmer-Schlumpf einer interessierten Öffentlichkeit näherzubringen.

Zwischen Herbst 2010 und Juli 2011 traf ich die Bundesrätin in unregelmässigen Abständen zu mehrstündigen Gesprächen. Gleichzeitig befragte ich Wegbegleiterinnen und Wegbegleiter aus Familie, Freundeskreis, Arbeits- und Regierungsumfeld im Kanton Graubünden und in der Bundesverwaltung. Es versteht sich von selbst, dass unter diesen Umständen die Sichtweise der befragten Personen in den Vordergrund rückte.

Mein Dank geht an die Auskunftspersonen, die «dichtgehalten» haben, an die wenigen Involvierten beim Orell Füssli Verlag, die bei diesem unüblichen Buchprojekt wertvolle Unterstützung leisteten, und vor allem an Eveline Widmer-Schlumpf selbst: Sie hat sich nicht nur Zeit für die Gespräche genommen, sondern gab mir während unserer Treffen immer das Gefühl, sie habe nichts anderes zu tun, als für dieses Buch Red und Antwort zu stehen.

Gespräche mit Bundesrätin Eveline Widmer-Schlumpf

Gespräch über Familie und Familienpolitik

«Im Nachhinein meine ich, dass ich meinen Mädchennamen wieder hätte annehmen sollen.»

Frau Widmer-Schlumpf, sind Sie ein Familienmensch?
Ausgesprochen, ja. Die Familie stand immer im Zentrum. Schon während des Studiums war mir klar, dass ich eine Familie gründen wollte. Auch wenn mir Selbständigkeit und Unabhängigkeit sehr wichtig sind, die Familie kam immer an erster Stelle. Glücklicherweise hat mich mein Mann darin unterstützt, mein Leben auf zwei Schienen – Beruf und Familie – zu führen.

Man hat den Eindruck, Familienfragen seien in letzter Zeit politisch wieder in den Vordergrund gerückt.
Das hat einerseits mit den Wahlen 2011 zu tun, andererseits aber sicherlich damit, dass heute mehr Frauen im Berufsleben und in politischen Funktionen stehen als früher. Es wird, damit einhergehend, eben nicht mehr vorwiegend die traditionelle Familienform gelebt. Es gibt verschiedene Kombinationen, um Beruf und Familie zusammenzubringen.

Mit dem Resultat, dass sich der Staat überall einmischt. Weil der Anspruch auf einen garantierten Kinderkrippenplatz gestellt wird, auf Tagesschulen, auf frühkindliche Erziehung und vieles mehr.

Hätten wir keine Familien mit Kindern, würde unser Sozialsystem zusammenbrechen. Man muss deshalb dafür sorgen, dass Mütter, die ausser Haus arbeiten wollen oder müssen, dies ohne grosse Beeinträchtigung tun können. Der Staat hat ein Interesse daran, dass sich die Frau nicht mehr für den Beruf und gegen Kinder oder umgekehrt entscheiden muss. Heute haben Frauen die gleich guten Ausbildungschancen wie Männer. Ausbildung ist eine Investition, die zu einem guten Teil durch den Staat finanziert wird. Der Staat muss daher ein Interesse daran haben, dass diese Investition auch genutzt wird. Es braucht ein Angebot, das verschiedene Lebensmodelle zulässt und das der Staat mit unterstützt. Wobei auch Grenzen zu setzen sind.

Gerade bei Familien des Mittelstands rechnet es sich für die Mutter oft nicht, einer Erwerbsarbeit nachzugehen. Die Kosten für die externe Kinderbetreuung wiegen das Erwerbseinkommen wieder auf.

Einen Teil der Grundkosten übernimmt der Staat, wenn die Voraussetzungen erfüllt sind. Zudem können die Kosten der ausserfamiliären Kinderbetreuung bis zu einem bestimmten Betrag bei den Steuern in Abzug gebracht werden, weil der Staat die Erwerbstätigkeit von Müttern unterstützen will. Aber es stimmt: Die Familien des Mittelstands geraten nicht selten zwischen Stuhl und Bank wegen der Grenzsteuerbelastung. Diese müssen wir analysieren. Sinnvoll – vor allem für den Mittelstand – wäre es, die Einkommenssteuer zu senken, gleichzeitig aber die Mehrheit der heute vorgesehenen Abzüge abzubauen. Dafür setze ich mich nicht nur im Familienbereich, sondern ganz generell im Steuerbereich ein. Nur ist das mehr oder weniger ein Treten gegen Windmühlen. Auf Bundesebene, im Bereich der direkten Bundessteuer, haben wir untersucht, welche Abzugs- und Subventionsmöglichkeiten es gibt. Im Jahre 2011 haben wir bei der direkten Bundessteuer einen Ertrag von 17,6 Milliarden Franken budgetiert, bei den Abzügen und Subventionen ein Volumen von 21 Milliarden! Das ist stossend.

Der verschärfte Steuerwettbewerb führt dazu, dass Mittelstandsfamilien noch zusätzlich unter Druck geraten.

Sie werden nicht mehr belastet, aber weniger entlastet als jene, die bezüglich ihrer wirtschaftlichen Situation obenausschwingen. Die Krankenkassenprämien machen bei den meisten Mittelstandsfamilien mit drei Kindern mehr aus als die Steuerbelastung. Es ist also nicht der Steuerwettbewerb, der die zusätzliche Belastung bringt, sondern es sind die zusätzlichen Leistungen, die der Mittelstand zu erbringen hat, für die aber nirgends eine Entlastung vorgesehen ist.

Sie haben sich mit Ihrem ursprünglichen Vorschlag der Betreuungsverordnung für Kinder ziemlich in die Nesseln gesetzt.

Da habe ich zugegebenermassen einen Bock geschossen. Ich habe zwar meine Vorstellungen mit den Mitarbeitenden besprochen und den Vorschlag auch angeschaut, bevor er in die Vernehmlassung ging. Aber zu wenig genau, verschiedene Dinge haben wir zu wenig durchdacht. Kaum war die Vorlage in der Vernehmlassung, wurde ich

> *«Da habe ich zugegebenermassen einen Bock geschossen.»*

überhäuft mit Rückmeldungen, auch von meiner Familie. Meine Tochter beispielsweise bemerkte zu Recht, dass ich ihren Cousin und ihre Cousine, die teilweise bei uns aufgewachsen sind, nicht ohne Bewilligung hätte aufnehmen dürfen. Wir haben in der Bundesverwaltung aber rasch reagiert, das Projekt zurückgezogen und eine abgeänderte Vorlage zur Diskussion gestellt.

Die bezüglich der Kinderbetreuung immer noch sehr restriktiv ist. Ist es richtig, dass der Staat diese Privatsphäre so stark reguliert?
Der Staat trägt eine Mitverantwortung dafür, dass die Kinder gut versorgt sind durch die, welche die Kinderbetreuung gewerbsmässig gegen Entgelt übernehmen. Es gibt viele Eltern, die froh sein müssen, überhaupt jemanden zu finden. Sie können es sich gar nicht leisten, genau hinzuschauen, wem sie ihr Kind anvertrauen. Umso wichtiger ist es, dass gewisse Bedingungen eingehalten und regelmässig überprüft werden. Bei der Pflegekinderverordnung ist das ganz besonders entscheidend. Ich habe mich intensiv mit der Verdingkinder-Problematik auseinandergesetzt. Bei Verdingkindern spielten die Vormundschaftsbehörden eine entscheidende Rolle, und da ist leider nicht immer alles optimal gelaufen.

Der Staat macht im Zusammenhang mit der externen Kinderbetreuung sehr viele Auflagen, was private Initiativen unterbindet.
Das stimmt. Es ist zum Beispiel nicht einzusehen, warum teilweise bei den Betreuerinnen ein so hoher Ausbildungsstandard verlangt wird. Sicher braucht es gut ausgebildete Krippenleiterinnen. Aber eine qualifizierte Ausbildung brau-

chen wohl kaum alle Betreuerinnen. Schliesslich geht es nicht um die Ausbildung von Kindern, sondern um deren Betreuung. Wenn man im Kinderbetreuungsbereich zu hohe Ansprüche stellt, wird man bald einmal nicht mehr genügend Personal finden. Auch in anderen Bereichen sind die Anforderungen zu hoch, beispielsweise in der Hauspflege. Früher gab es im Hauspflegeverein eine diplomierte Krankenschwester und daneben zahlreiche Hausfrauen, die sich bereit erklärten, Familien zu helfen, die wegen einer Krankheit eines Familienmitglieds Hilfe benötigten. Heute werden solche Aufgaben professionell betreut. Die auf privater Initiative basierenden Vereine verschwanden. Die wertvolle Freiwilligenarbeit verlor an Bedeutung. Ich war selbst einmal drei Monate ans Bett gefesselt, benötigte aber keine professionelle Betreuung, sondern eine ganz einfache Pflege und Unterstützung.

Das Kindeswohl wird auch arg strapaziert, wenn man meint, Kinder unter sieben Jahren zu schützen, indem man ihnen das Fahrradfahren verbietet.

Normen müssen sein, ebenso sehr aber auch Handlungsspielräume. Ich habe früher bis zu fünf Kinder in unserem Auto, einem Previa-Kleinbus, transportiert, und dass ich sie angegurtet habe, war selbstverständlich. Aber ob alle Kinder bis zwölf Jahre im Kindersitz sitzen müssen, kann tatsächlich diskutiert werden. Alle Gefahren vermeiden kann man nicht, und wenn man die Kinder in Watte packt, spricht man ihnen das Bewusstsein für die alltäglichen Gefahren ab. Mit all diesen Schutzbestimmungen erreicht man sogar das Gegenteil: Die Kinder meinen, alles nicht Verbotene sei erlaubt, und wiegen sich in falscher Sicherheit. Ein «Loch» im Kopf ist in aller Regel kein Drama, und Kinder müssen lernen, mit aussergewöhnlichen Situationen umzugehen. Dass beim Fahrradfahren ein Helm getragen wird, ist für mich aber selbstverständlich.

Die vielen Gesellschaftsformen haben auch Auswirkungen auf finanzielle Aspekte.

Natürlich, und sie gehen darüber hinaus. Wenn beispielsweise die Gleichstellung von doppelverdienenden Ehepaaren mit Konkubinatspaaren angestrebt wird, darf man sich zu Recht fragen, ob die Gleichstellung nicht auch im Alter vollzogen werden muss. Es ist dann etwa nicht einzusehen, warum ein im selben Haushalt lebendes, nicht verheiratetes Paar je eine volle AHV-Rente beziehen soll, während die Rente eines verheirateten Paares nur anderthalbmal so hoch ist. Auch erbrechtlich sollte keine Form des Zusammenlebens mehr benachteiligt werden. Jede Gesellschaftsform wirft viele neue Fragen im Steuer- und im Sozialversicherungsbereich auf. Wir sind daran, Antworten zu finden. Als ich studierte, war das noch kaum ein Thema.

Auch für Sie persönlich nicht?

Ich studierte bei Cyrill Hegnauer, dem bekannten Professor für Zivilrecht. Im Jahre 1977 erschien sein Lehrbuch *Das neue Kindsrecht.* Da wurde mir erstmals bewusst, wie unterschiedlich die Stellungen von Frau und Mann sind. Je mehr ich mich damit befasste, desto mehr Fragen habe ich mir gestellt. Als zehn Jahre später das neue Eherecht im politischen Abstimmungskampf diskutiert wurde, mischte ich mich stark in die Debatte ein, weil mich die Änderungen als erwerbstätige Mutter auch persönlich betrafen.

Damals wie heute wurde heftig darüber diskutiert, inwieweit der Staat in die persönlichen Lebensformen einzugreifen hat. Ich erinnere mich an das Abstimmungsplakat der Gegner des neuen Eherechts, auf dem der Richter sich zwischen das im Bett liegende Ehepaar zwängte.

Es ist eine Tatsache, dass der Staat durch das Steuerrecht die Lebensform beeinflusst. Er muss sich aber den neuen Realitäten anpassen. Es kann doch nicht sein, dass das Steuerrecht die verheirateten Paare gegenüber den Nichtverheirateten bestraft in einer freien Gesellschaft, in der jede und jeder ihre/seine Verantwortung selbst übernehmen sollte. Schon vor weit mehr als einem Jahrzehnt hat sich das Bundesgericht auf den verfassungsmässigen Grundsatz abgestützt, wonach bei der Besteuerung auf die wirtschaftliche Leistungsfähigkeit zu achten ist.

«Es kann nicht sein, dass das Steuerrecht verheiratete Paare gegenüber nichtverheirateten bestraft.»

Heute wird ein Konkubinatspaar, das zusammen ein gleich hohes Einkommen wie ein verheiratetes Ehepaar mit je einem Einkommen erzielt, gleich besteuert.

Ja. Aber beim Einverdiener-Ehepaar im Vergleich zum Zweiverdiener-Ehepaar und dem Zweiverdiener-Konkubinatspaar bestehen zum Teil immer noch eklatante Unterschiede. Unabhängig vom Trauschein muss die wirtschaftliche Leistungsfähigkeit massgebend sein. Der Bundesrat wird sich im Rahmen einer Vorlage, die wir in meinem Departement erarbeitet haben, entscheiden müssen, in welche Richtung die Strategie gehen soll: ob Richtung Vollsplitting oder Individualbesteuerung. Ich persönlich habe eine Präferenz für die Individualbesteuerung. Das Problem beginnt allerdings bei der praktischen Umsetzung. Man sieht das in Deutschland, das als Grundlage die Individualbesteuerung kennt und als Wahlmöglichkeit das Vollsplitting. Die Wahlmöglichkeit wird von rund neunzig Prozent der Paare wahrgenommen, weil die Zuteilung von Kinderzulagen oder die Berechnung der Erträge aus Vermögen zu einer aufwendigen Rechnerei führen.

Warum hat sich die eine oder andere Form nicht schon lange durchgesetzt? Neu ist die Idee der Individualbesteuerung oder des Vollsplittings ja wirklich nicht.
Ich weiss es nicht, kann es mir nur mit dem Wunsch erklären, an traditionellen Gesellschaftsformen festzuhalten. Wenn man sieht, wie lange es brauchte, bis sich im Namensrecht einiges änderte, erstaunt einen der Widerstand im Bereich der Besteuerung nicht. Aber nachdem die eidgenössischen Räte sich so klar dafür ausgesprochen haben, dass Mann und Frau bei der Heirat frei wählen können, wer welchen Namen tragen will, und sie sich bezüglich der Kinder einigen müssen, tut sich jetzt vielleicht auch etwas bei der Besteuerung von Ehepaaren beziehungsweise Konkubinatspaaren.

Sie selbst tragen den Allianznamen Widmer-Schlumpf.
Weil ich 1981 und damit vor der Einführung des neuen Eherechts geheiratet habe. Ich konnte meinen Mädchennamen nicht behalten.

Aber nach der Einführung im Jahre 1988 hätten Sie sich Ihren Namen zurückholen können.

1986 hatte ich schon Kinder. Ich erachtete es als ungünstig, den alten Namen wieder anzunehmen. Die Bürgerrechte aber habe ich mir zurückgeholt, allerdings habe ich die dafür gesetzte Frist, die 1987 ablief, fast verpasst. Der damalige Bürgergemeindepräsident meiner Wohngemeinde Felsberg rief mich eines Tages an und machte mich darauf aufmerksam, dass die Frist demnächst ablaufe. Da habe ich schnell alle Formalitäten erledigt und schliesslich meine «alten» Bürgerrechte, jene von Felsberg und Mönchaltorf, zurückbekommen. Meine ältere Tochter hat sich aus Solidarität mit mir vor einigen Jahren auch in Felsberg einbürgern lassen.

«Hätte ich 1987 wieder meinen Mädchennamen angenommen, hätte es möglicherweise ein ‹Geschwätz› gegeben.»

Hätten Sie Ihren Mädchennamen Schlumpf behalten, wenn das neue Eherecht bei Ihrer Heirat schon gegolten hätte?

Ja, und im Nachhinein meine ich, dass ich meinen Mädchennamen wieder hätte annehmen sollen. Das hätte die Sache einfacher gemacht. Aber nach meinem Lizenziat im April 1981 arbeitete ich bei einem Anwalt unter meinem Namen Schlumpf. Als ich heiratete, vereinbarten wir, dass ich den Namen Schlumpf an Widmer anhänge. Seither bin ich immer mit meinem Allianznamen aufgetreten. Hätte ich 1987 wieder umgestellt, hätte es möglicherweise ein «Geschwätz» gegeben. Als berufstätige Ehefrau und Mutter stand ich unterschwellig ohnehin ab und zu unter Kritik. Also fehlte mir vielleicht auch etwas der Mut, den alten Namen wieder anzunehmen.

Auch heute, 25 Jahre nach Einführung des neuen Namensrechts, nehmen viele Frauen den Namen ihres Ehemannes an.
Das ist ihr gutes Recht. Für mich ist der Name jedoch etwas sehr Individuelles und ein grosser Teil der eigenen Identität. Vielleicht habe ich auch deshalb wenigstens den Allianznamen Widmer-Schlumpf gewählt.

Nimmt man als Frau den Familiennamen des Mannes an, wahrt man die Einheit der Familie. Alle tragen dann denselben Namen.
Sicher. Aber das wäre auch mit der Wahlfreiheit gewährleistet, wonach bei Eheschluss bestimmt wird, ob die Kinder den Namen des Vaters oder der Mutter tragen sollen.

Hätte Ihr Mann akzeptiert, dass die Kinder Ihren angestammten Nachnamen Schlumpf tragen?
Meines Erachtens wäre es für meinen Mann kein Problem gewesen. Für mich war das auch kein Problem.

Eigentlich wäre es vor allem bei einer Scheidung nötig, dass sich die Eltern bezüglich des Sorgerechts für Kinder einig werden.
Ja. In erster Linie liegt diese Verantwortung bei den Eltern. Wenn sie sich aber nicht einigen können, dann muss eine Regelung getroffen werden, und das muss der Gesetzgeber tun.

Und wem soll er das Sorgerecht zuteilen?
Meiner Meinung nach ist das gemeinsame Sorgerecht die adäquate Lösung. Heute ist die Zuteilung an die Mutter der Regelfall, und ich habe gesehen, dass die Männer teilweise einiges einstecken und viel unternehmen müssen, um zu ihrem Recht zu kommen, zum Beispiel, ihre Kinder regelmässig zu

sehen. Ich habe als Anwältin selbst solche Fälle erlebt, habe beispielsweise einen beeindruckenden Mann aus dem Mittelstand betreut, dessen Frau sich nach der Scheidung mit den Kindern ins Ausland abgesetzt hat. Die Kinder hatten ein sehr enges Verhältnis zum Vater und umgekehrt. Zwar wurde ihm alle zwei Wochen ein Besuchsrecht eingeräumt, die Anreise betrug fünf Stunden. Diesen Aufwand nahm er aber auf sich, um jedes zweite Mal vor verschlossener Tür zu stehen.

Solche Situationen lassen sich auch mit einem gemeinsamen Sorgerecht nicht aus der Welt schaffen.
Das ist richtig. Welche Regelung auch immer getroffen wird, ihr Gelingen hängt davon ab, ob sich die beiden erwachsenen Elternteile wirklich auch wie Erwachsene verhalten, das heisst das Kindeswohl in den Vordergrund stellen und nicht das Schikanieren des Partners.

Warum also soll die gegenwärtige Regelung geändert werden?
Als Grundmodell sollte man davon ausgehen können, dass sich beide vernünftig verhalten, und deshalb das gemeinsame Sorgerecht als Regelfall einführen. Die heutige rechtliche Regelung unterstellt, dass sich der Vater aus dem Staub macht, wenn es Probleme in der Partnerschaft gibt und danach alles an der Mutter hängt. Rein vom Gesetz her haben Männer gegenwärtig weniger Rechte. Für ein Kind ist der Vater grundsätzlich ebenso wichtig wie die Mutter. Ein Vater, der sich um die Kinder kümmert, soll nicht Bittsteller sein müssen. Ob sich die Regelung mit dem gemeinsamen Sorgerecht einfacher gestaltet, muss sich weisen. Sicher darf die Mutter nicht plötzlich zur Leidtragenden werden.

Simonetta Sommaruga, Ihre Nachfolgerin im Justiz- und Polizeidepartement, will die Einführung des gemeinsamen Sorgerechts anders als Sie mit einer Änderung der Mankoteilung verbinden: Bei ungenügendem Familieneinkommen zur Deckung der Bedürfnisse zweier Haushalte soll das Defizit nicht mehr einseitig der unterhaltsberechtigten Partei, heute noch mehrheitlich der Frau, aufgebürdet werden.

Gegen diese Regelung habe ich gar nichts. Ich habe einfach die Erfahrung gemacht, dass man nicht zu viele unterschiedliche Fragestellungen in eine Vorlage packen sollte. Sonst läuft man Gefahr, dass zum Schluss alles bachab geht. Oft fährt man besser, wenn man Teile, die sich einzeln behandeln lassen, selbstständig regelt, im Wissen, dass der andere Teil auch noch kommt.

Aber die Mankoteilung muss Ihnen sehr gegen den Strich gehen. Es darf doch nicht sein, dass die Mutter Sozialhilfe beziehen muss, wenn der Vater den Unterhalt nicht deckt.

Natürlich läuft das meinem Gerechtigkeitsgefühl total zuwider, wenn die Mutter, die rund um die Uhr für ihre Kinder da ist, zum Schluss noch zum Sozialhilfefall wird, weil sie keine Möglichkeit für eine Erwerbsarbeit beziehungsweise für deren Ausbau hat.

Ebenso oft begegnet man dem Fall, dass die Frau sich nach zwanzig Jahren Ehe, in der sie es sich ohne Erwerbsarbeit gutgehen liess, plötzlich selbst verwirklichen will und den Mann «ausnimmt».

Dieses Problem hat sich entschärft, weil die Frauen heute besser ausgebildet sind und ihnen deshalb die Aufnahme einer

Erwerbsarbeit eher zugemutet werden kann als noch vor zwanzig Jahren. Während meiner Anwaltstätigkeit habe ich tatsächlich Fälle erlebt, in denen Frauen bei der Scheidung wie selbstverständlich die finanzielle Unterstützung des Mannes verlangten. Damals ging man davon aus, dass die Frau Mutter ist und nicht ausser Haus arbeitet. Das hat sich grundlegend geändert. Die Frau, die zu Hause bleibt und keiner ausserhäuslichen Tätigkeit nachgeht, wird heute nicht mehr so stark geschützt wie früher, als sie weniger gut ausgebildet war und im Fall einer Scheidung wirklich Schwierigkeiten hatte, eine bezahlte Arbeit zu finden.

Benachteiligt sind heute vor allem die Familien des Mittelstands. Wo besteht der dringendste Handlungsbedarf?
Zunächst müssen wir uns einigen, wie wir den Mittelstand definieren. Danach müssen wir analysieren, welche Formen von Familien mit Kindern es gibt; und Lösungen finden, die sicherstellen, dass der Handlungsspielraum für Mittelstandsfamilien mit Kindern nicht geringer ist als für Familien, die in schwierigen Verhältnissen leben und denen alles finanziert wird. Es muss wieder interessant werden, als Familie dem Mittelstand anzugehören.

Wäre Ihre Familie früher dem Mittelstand zuzuordnen gewesen?
Ja, wobei die Einkommenserzielung bis zu meiner Wahl als Regierungsrätin sehr ungleich verteilt war. Als die Kinder klein waren, machte ich viel Freiwilligen- und Gratisarbeit wie beispielsweise unentgeltliche Rechtsberatung. Nicht, weil ich dazu gezwungen war, sondern, weil ich das wollte.

Gespräch über Begriff und Auslegung von Gerechtigkeit

«Manchmal sind recht haben und richtig handeln zwei verschiedene Dinge.»

Frau Widmer-Schlumpf, was leitet Ihr Gerechtigkeitsdenken?
In erster Linie das persönliche Gerechtigkeitsempfinden, das sich mit der Zeit entwickelt und sehr stark mit Vorfällen zu tun hat, die mich geprägt haben. Bei mir hat das schon in der Schule begonnen. Gerecht behandelt fühlte ich mich, wenn ich gleich behandelt wurde wie die anderen.

Wurden Sie als Tochter des Politikers und Anwalts Leon Schlumpf gleich behandelt?
Wenn ich mich nicht gerecht behandelt fühlte, dann nicht wegen meines Vaters, sondern weil ich ein Mädchen war. Meine Eltern wurden nicht selten bedauert, dass sie «nur» drei Töchter hatten. Das wollte ich nicht einfach so akzeptieren. Mein Vater war ein vehementer Befürworter des Frauenstimmrechts, was ihm beileibe nicht nur Freunde eingebracht hat. Das zeigt, dass für ihn die Gleichbehandlung unabhängig des Geschlechts selbstverständlich war. So auch für mich. Aber selbst während meines Studiums an der Universität Zürich, Jahre nach Annahme des Frauenstimmrechts, stellte ich fest, dass die Gleichbehandlung keine Selbstverständlichkeit war.

Inwiefern?
An einer mündlichen Lizenziatsprüfung wurden wir zu zweit geprüft, ein Kommilitone und ich. Der Professor bestimmte, dass der eine die Prüfungsfrage beantworten müsse, das war in diesem Fall ich, und der andere, mein männlicher Kollege, korrigieren oder ergänzen würde. Beide würden dann die gleiche Note bekommen. Wir waren dann zwar nicht brillant, aber für eine genügende Note hätte es allemal reichen müssen. Während der Prüfung drehte ich an meinem Verlobungsring, worauf mich der Professor fragte, ob ich vorhabe zu heiraten. Das könne doch wohl nicht das Thema sein, erwiderte ich. Ich solle doch das Studium abbrechen und eine Familie gründen, sagte er und gab uns beiden ein knapp Genügend. Ich war aufgebracht und sagte ihm, entweder er gebe uns nun eine adäquate, das heisst genügende Note oder ich würde mich in geeigneter Weise wehren. Ohne Antwort wurden wir dann rausgeschickt.

Wie ging es weiter?
Ich war nach wie vor aufgebracht und rief meinen Vater an, der damals Bundesrat war. Die Sekretärin wollte mich nicht durchstellen, weil er in einer Sitzung war. Ich liess aber nicht locker, und er kommentierte meine Erzählung dann mit den Worten, ich solle mich nicht aufregen, ich könne ja rekurrieren. Es kam dann aber nicht so weit. Mein Kollege und ich bekamen eine genügende Note.

Das subjektive Gerechtigkeitsempfinden entspricht lange nicht immer dem gesetzten Recht.

Eine Frage, die mich immer wieder umgetrieben hat. Deshalb habe ich auch Jus studiert. Sind vor dem Gesetz alle gleich? Gibt es einen Anspruch auf Gleichbehandlung vor dem Gesetz? Kann man beispielsweise aus dem verfassungsmässig garantierten Menschenrecht auf menschenwürdiges Leben den Anspruch auf ein Grundeinkommen ableiten?

Wie lauten Ihre Antworten?
Das Recht auf einen garantierten Mindestlohn kann man aus der Verfassung nicht ableiten, aber man kann die soziale Gerechtigkeit einfordern. Ich habe mich schon als Anwältin und später auch als Politikerin dagegen gewehrt, dass Menschen, die aus irgendeinem Grund auf Sozialleistungen angewiesen sind, darauf verzichten, weil ihnen solche «Almosen» peinlich sind. Als Anwältin habe ich verschiedenen Frauen im AHV-Alter die Steuererklärung gemacht. Sie sind mit all ihren Rechnungen zu mir gekommen, ich wandte viele meiner Bürostunden dafür auf. Einige dieser älteren Frauen kamen mit der AHV nicht aus, und ich musste sie davon überzeugen, dass sie keine Almosen einforderten, wenn sie den rechtlichen Anspruch auf Ergänzungsleistungen geltend machten.

«Man kann die soziale Gerechtigkeit einfordern.»

Welcher Anspruch ist aus dem Sozialstaat abzuleiten?
Eine Garantie des Existenzminimums, das durch die sozialen Einrichtungen gewährleistet sein muss. Wenn man unverschuldet nicht in der Lage ist, dieses Existenzminimum aus eigenen Kräften zu erwirtschaften, dann erwächst dieser Anspruch aus derselben ausgleichenden Gerechtigkeit heraus,

die der Staat gegenüber den Bürgerinnen und Bürgern herstellen muss.

Diskussionen über das Ausmass der «sozialen Gerechtigkeit» werden nicht nur in Deutschland, sondern auch in der Schweiz immer heftiger geführt. Warum?

Weil die «Ausschläge» nach unten und nach oben immer grösser werden. Dass die Gesellschaft durchmischt ist, dass es Arme gibt, den Mittelstand und die Reichen, das ist ein Faktum. Aber dass es solche gibt, die sich über jedes vernünftige, anständige Mass hinweg bereichern, macht den gesellschaftlichen Zusammenhalt immer schwieriger. In meiner Studienzeit – das liegt ein Vierteljahrhundert zurück – machte ein Professor die Aussage, wenn man ein Unternehmen sozial führe, so müsse es zwar auch in der Lohnstruktur zwingend Unterschiede geben. Aber bei einem Verhältnis von mehr als 1:15 zwischen dem niedrigsten und dem höchsten Lohn könne man nicht mehr von sozialer Gerechtigkeit sprechen. Diese Aussage machte mich nachdenklich.

Was am Bankiertag 2010 unter anderem zu Ihrer Aussage führte, man müsse bei den variablen Vergütungen beziehungsweise den «Boni» zurück zu Gerechtigkeit und Anstand finden. Es braucht also regulatorische Eingriffe?

Eine liberale Marktwirtschaft braucht Grenzen, sonst kann sie sich nicht mehr frei entwickeln. Sie würde dominiert von den einen zulasten der anderen. Die grosse Kunst ist es, Regeln zu finden, die Freiheiten zulassen und den Handlungsspielraum offen behalten, gleichzeitig aber verhindern, dass diese Freiheiten pervertiert werden. Was wir in gewissen Bankenbereichen erleben, ist die Pervertierung der freien Marktwirtschaft zulasten von anderen.

Sie reden eben doch den Regulierungen das Wort.

Ja, bis zu einem gewissen Grade. Wobei es wichtig ist, dass man massvoll regelt, das heisst Leitplanken setzt, welche die Gesellschaft akzeptiert. Boni an und für sich sind nichts Verwerfliches, wenn sie verhältnismässig bemessen und fiskalisch gerecht behandelt werden. Heute können Entschädigungen in Millionenhöhe als Aufwand steuerfrei abgezogen werden. Das ist ungerecht.

Der pervertierte Begriff der Marktwirtschaft spielt dem Begriff der Gerechtigkeit insofern in die Hände, als viele Stimmen mehr Umverteilung fordern.

Es geht nicht um Umverteilung, sondern um Gleichbehandlung. Für Gleiches soll man gleich behandelt werden. Wenn man wirtschaftlichen Erfolg hat, dann soll man den nicht einfach als Bonus oder als variable Entschädigung ausbezahlen können beziehungsweise als Aufwand abziehen und nicht besteuern müssen. Das gebietet nur schon die gerechte Behandlung der Unternehmen unter sich. Ein KMU, das den Erfolg wieder investiert und nicht einfach variable Entschädigungen ausbezahlt, wird schlechter behandelt als Unternehmen, die den Erfolg in Form von Boni ausbezahlen, die nicht besteuert werden. Eigentlich geht es um die Notwendigkeit gleich langer Spiesse im Wettbewerb.

> *«Dass Entschädigungen in Millionenhöhe als Aufwand steuerfrei abgezogen werden, ist ungerecht.»*

Obwohl Sie den Gleichheitsgrundsatz hochhalten, befürworten Sie die Pauschalbesteuerung, mit der reiche Ausländer gegenüber Schweizern bevorzugt werden. Wenn es um mehr Geld für die Kantone geht, werfen Sie die Gleichheitsprinzipien also über Bord?
Ich trage den Entscheid des Bundesrats mit, der die Pauschalbesteuerung beibehalten will. Unter dem Rechtsgleichheitsgrundsatz ist diese Form der Besteuerung tatsächlich problematisch. Unter dem Titel Standortvorteil kann man das anders sehen.

Kann das Recht objektiv Gerechtigkeit herstellen?
Mit dem Recht kann man einen objektiven Rahmen für Gerechtigkeit oder eben Gleichbehandlung setzen. Aber in der Umsetzung, in der Handhabung des Rechts, spielen auch menschliche, auch subjektive Komponenten mit hinein, selbst beim Richter, der das Recht anwendet. Recht ist in diesem Sinn kein absoluter Wert.

Auch wenn das Recht die Gleichbehandlung garantiert, muss man in Kauf nehmen, dass man nicht gerecht behandelt wird?
Ich war ja mehrere Jahre Richterin und Gerichtspräsidentin. Ich habe mich wirklich bemüht, alle, die vor mir sassen, gleich zu behandeln, auch wenn es mir einige ab und an wahnsinnig schwer gemacht haben. Einzelne waren so unverschämt, dass ich sie am liebsten «auf den Mond geschossen» hätte. Emotional hätte ich gelegentlich gerne anders gehandelt, als es mir das Recht vorgeschrieben hat. Aber ich habe gelernt, sachlich zu bleiben. Man muss das gefühlsfreie Recht zum Richtmass des eigenen Handelns nehmen.

Kann Gerechtigkeit auch als moralischer Anspruch betrachtet werden?
Ja. Die Moral kann die Begründung sein für ein dem objektiven Gesetz widersprechendes Urteil. Es sind immer Menschen, die das Recht umsetzen, und jeder Mensch funktioniert anders.

Waren Sie bei der Behandlung des Falles Roman Polanski gerecht?
Aus meiner Wahrnehmung auf jeden Fall. Man wäre auch gerecht gewesen, wenn man dem Auslieferungsgesuch von Anfang an entsprochen hätte. Herr Polanski hat ein verwerfliches Delikt begangen. Ob die Voraussetzungen für eine Auslieferung allein gestützt auf einen Auslieferungsvertrag erfüllt gewesen wären, war aber umstritten. Unter Berücksichtigung schweizerischer Umstände haben wir uns dann entschieden, auf eine Auslieferung zu verzichten. Dem Einzelnen gerecht werden, gerecht sein, umfasste in diesem Fall eben nicht nur die Anwendung des Auslieferungsvertrags, sondern auch die Betrachtung des ganzen schweizerischen Rechtsrahmens inklusive verfassungsrechtlicher Prinzipien. Unser Verhalten war richtig, obwohl das für Teile der Bevölkerung unverständlich war, die den Straftatbestand als Mass aller Dinge genommen haben. Wir hingegen haben den Fall breiter angeschaut und in den Gesamtkontext gestellt, was uns zu einer meines Erachtens gerechten Lösung führte. Ist es gerecht, wenn man jemanden in die Schweiz kommen lässt, er anstandslos eine Liegenschaft erwerben kann, der Kanton diesem Erwerb zustimmt, der Liegenschaftsbesitzer sich über Jahre hinweg völlig unbehelligt frei bewegen kann, er überall eingeladen wird

und eines Tages bei Annahme einer offiziellen Einladung völlig unvorbereitet festgenommen wird? Meine Antwort heisst klar: nein.

Sie hätten Roman Polanski gar nicht verhaften lassen müssen.
Erstens hatte ich alle diese Angaben, die ich soeben angeführt habe, bei seiner Verhaftung nicht, und zweitens war die Verhaftung kein Entscheid, den ich zu fällen hatte. Im konkreten Fall hat ein Sachbearbeiter des Bundesamts für Justiz eine Meldung von einem Kantonspolizisten erhalten. Der Polizist erklärte dem Sachbearbeiter, dass Roman Polanski, der auf Einladung des Zürcher Filmfestivals in die Schweiz komme und einen Preis entgegennehme, bei Interpol verzeichnet sei. Dieser Mitarbeiter hat nach seinem Auftrag und Aufgabenfeld nichts anderes machen müssen, als zu überprüfen, ob Herr Polanski international ausgeschrieben ist, ob es einen Eintrag der USA gibt, ob das Auslieferungsbegehren noch besteht und ob es rechtsgültig ist. Das hat der Mitarbeiter gemacht und damit seinen Auftrag korrekt erledigt. Diese Abklärungen haben dann die Verhaftung durch die Zürcher Kantonspolizei ausgelöst.

> *«Wir haben den Fall Polanski in den Gesamtkontext gestellt, was zu einer meines Erachtens gerechten Lösung führte.»*

Sie haben noch vor der Verhaftung von der Affäre gehört und hätten die Festnahme verhindern können.
Am Tag der Verhaftung war ich nachmittags mit dem damaligen Zürcher Justizdirektor Markus Notter zusammen an einer Sitzung in Bern. Er fuhr dann zurück nach Zürich. Ich erledigte noch einige Dinge in meinem Büro, als mich Markus

Notter anrief und fragte, ob mir bekannt sei, dass ein Befehl ergangen sei, Polanski zu verhaften. Aber uns beiden war bewusst, dass wir nicht die Kompetenz hatten, in ein laufendes polizeiliches Verfahren einzugreifen. Rechtlich und formell ist das Vorgehen, das zur Verhaftung von Roman Polanski geführt hat, korrekt verlaufen. Darüber, ob es gerecht war, lässt sich streiten.

Recht haben und richtig handeln sind zwei unterschiedliche Dinge?

Ja, manchmal schon. Recht hatten wir, das hat das Bundesstrafgericht ja bestätigt, als es die Anfechtung der Festnahme durch Herrn Polanski ablehnte. Danach stellte er ein Gesuch um teilweise Haftentlassung. Dieses Gesuch hat das Gericht unter Auflagen gutgeheissen: Herr Polanski musste eine Kaution leisten und wurde mit einer elektronischen Fussfessel in seinem Haus in Gstaad unter Hausarrest gestellt. Wir hätten Gelegenheit gehabt, dagegen Beschwerde zu führen, denn rein rechtlich gesehen hätte man auch anders entscheiden können. Wir haben im Bundesamt für Justiz über diese Möglichkeit diskutiert und uns gegen die Beschwerde entschieden, weil auch wir der Meinung waren, bis zur vollständigen Abklärung müsse sich Herr Polanski möglichst frei bewegen können, zumal er uns als vertrauenswürdig erschien. Ich vertraute darauf, dass er nicht gegen den Hausarrest verstossen würde. Das wäre wohl auch schwierig gewesen: Durch die unzähligen Journalisten aus aller Welt, die sich rund um sein Haus in Gstaad niedergelassen hatten, war er so gut bewacht, dass man sogar auf die Fussfessel hätte verzichten können.

Wenn es sich nicht um Roman Polanski gehandelt hätte, sondern um einen unbekannten Filmer aus Amerika, hätten Sie ihn doch bestimmt schneller laufenlassen?
Ganz bestimmt nicht. Für uns entscheidend war ungeachtet des Prominentenstatus, dass sich jemand über Jahre hinweg frei in der Schweiz hatte bewegen können. Er hat sogar noch ein Auto auf seinen Namen einlösen können. Roman Polanski hat sich denn auch auf den Standpunkt gestellt, dass er beim Bundesamt für Justiz unter dem Titel Lex Koller ohne Einwände eine Liegenschaft hatte erwerben können, dasselbe Bundesamt für Justiz ihn dann aber verhaften liess. Auch wenn zwei ganz unterschiedliche Abteilungen, die nichts miteinander zu tun haben, für die Entscheide zuständig waren: Für einen Ausländer ist das Bundesamt für Justiz verständlicherweise das Bundesamt für Justiz.

Warum hat Roman Polanski eigentlich keine Schadenersatzforderung gestellt?
Weil er wohl – meines Erachtens zu Recht – davon ausging, dass die Grundlagen hierfür nicht gegeben waren. Er sass bis Dezember im Gefängnis, danach bis Juni mit Fussfesseln in seinem Haus in Gstaad. Er hätte die Länge der Haftdauer anfechten können, aber die Dauer war von ihm insofern beeinflusst, als er alle Weiterzugsmöglichkeiten genutzt hat, weil er vollständige Abklärungen wollte. Über eine Schadenersatzforderung wäre ich erstaunt gewesen. Herr Polanski hat sich nämlich nicht nur sehr korrekt verhalten, sondern uns auch für das faire Vorgehen gedankt. Er hat gegenüber den Schweizer Behörden nie Vorwürfe erhoben.

Die Bevölkerung hat immer wieder den Eindruck, gleich sei nicht gleich. Nicht nur bei Polanski, sondern beispielsweise auch dann, wenn ein Verfahren gegen Geldauflage eingestellt wird. Wie etwa im Fall des ehemaligen Armeechefs Roland Nef, dessen Strafverfahren eingestellt wurde, nachdem er den Schaden finanziell gedeckt hatte.
Das sind die gesetzlichen Regelungen.

Womit Recht über Moral gestellt wird.
Wer befindet denn über das Recht? Das Volk! Über die Möglichkeit einer Verfahrenseinstellung gegen Geldauflage haben weder einzelne Richter noch eine Verwaltungsabteilung bestimmt, sondern das Volk. Die Regelung ist ja auch nicht unvernünftig, es geht oft um einen Bereich, in dem man sich kennt und unter Umständen wieder zusammenarbeiten und -leben muss. Wenn man mit dem «Freikauf» den Frieden wiederherstellen und nachher wieder miteinander umgehen kann, kann diese Regelung durchaus vernünftig sein. Es macht in bestimmten, rechtlich klar geregelten Fällen keinen Sinn, eine Freiheitsstrafe aufzuerlegen und eine Person dadurch unter Umständen aus dem ganzen sozialen Gefüge zu reissen, nur um sie dann wieder integrieren zu müssen.

Die Schweiz hat den Pluralismus immer hochgehalten. Mit der Befürwortung der Anti-Minarett- und der Ausschaffungsinitiative hat man den Eindruck, das Land werde ungerechter, indem es bei verschiedenen Bevölkerungsgruppen unterschiedliche Massstäbe setzt.
Durch das ständige Polarisieren und Schlechtmachen beginnen wir an den ureigensten Werten zu rütteln, die bei uns eine

so lange Tradition haben. Bei der ersten Asylgesetzgebung im Jahre 1981 war es selbstverständlich, dass man den Flüchtlingen ungeachtet ihrer Herkunft hilft. Heute genügen Einzelfälle, um alles über einen Kamm zu scheren. An gewissen ausländischen Familien, die sich nicht korrekt verhalten, hängt man die ganze Ausländerpraxis auf. Ich stamme aus einem Kanton, der schon immer vielen muslimischen Kindern eine Heimat bot. Meine Schwester war bis vor Kurzem Kindergärtnerin und betreute während ihrer dreissigjährigen Tätigkeit unzählige muslimische Kinder. Sie hatte nie, gar nie, auch nur ein einziges Problem mit ihnen. Natürlich gab es offene Fragen wie die Handhabung des Schwimmunterrichts. Aber es fand sich immer eine Lösung, ohne dass es zu einer Eskalation beziehungsweise einer öffentlichen Auseinandersetzung gekommen wäre.

Wie soll man auf unterschiedliche Gerechtigkeitsgebote verschiedener Kulturen reagieren? Wenn ein in der Schweiz lebender Türke betont, dass er niemals zu Hause putzen würde, weil das Aufgabe seiner Mutter und Grossmutter sei, muss man sich nicht über die von Ihnen erwähnte Polarisierung wundern.

Solange sich solche kulturellen Unterschiede im Privaten abspielen, kann nichts dagegen unternommen werden. Aber in der Öffentlichkeit ist es unsere Pflicht, unsere Vorstellungen einer gerechten Gesellschaft durchzusetzen. Überall im öffentlichen Raum, im Kindergarten, bei Lehrlingen und Studierenden müssen wir darauf pochen. Mit der Integrationsvereinbarung, die in etwa der Hälfte der Kantone gilt, wird von der ganzen Familie verlangt, dass sie sich integriert. Vor allem Frauen haben grössere Mühe damit, weil sie häufiger vom öffentlichen Leben ausgeschlossen werden. Wir müssen die Integration aber fördern und einfordern. Frauen müssen in der Lage sein, ihren Kindern bei den Schulaufgaben in unserer Landessprache zu helfen, einzukaufen und sich zu integrieren.

Sind Sie eine Legalistin?

Gerade im Falle Polanski habe ich das Gegenteil bewiesen. Ich fordere meine Mitarbeitenden bei juristischen Fragen geradezu auf, den ganzen breiten Rahmen, den das Gesetz bietet, nicht nur dem Wortlaut nach auszulegen. Schon als Finanzdirektorin des Kantons Graubünden habe ich mich für kreative Lösungen in verschiedensten Bereichen eingesetzt. Die rechtlichen Grundlagen müssen aber in jedem Fall respektiert werden. Sie bilden den Rahmen und die Grenzen für gerechte Lösungen. Während des Studiums haben mich Verfassungs-, Völker- und Medienrecht besonders angesprochen, weil diese Bereiche mehr Raum lassen für eine kreative Auslegung.

Gespräch über Heimat, Föderalismus, Staatsreform und das Verhältnis zur EU

«Ein gesunder Zustand der EU liegt in unserem Interesse.»

Frau Widmer-Schlumpf, was bedeutet Ihnen Heimat?
Das Wichtigste ist für mich, dass die Leute, die ich gerne habe, um mich herum sind. Wo das ist, spielt eine sekundäre Rolle. Ich habe meinen Kanton sehr gerne. Aber ich würde mich an vielen anderen Orten in der Schweiz auch wohlfühlen. Besonders dort, wo es Berge hat.

Wie lebt es sich ohne politische Heimat?
Es verhält sich ähnlich wie bei der geografischen Heimat. Entscheidend sind die Leute, die mich umgeben und mit denen ich unabhängig der Parteicouleur diskutieren und Lösungen finden kann. Da fühle ich mich wohl. Ich konnte und kann auf solche Menschen zählen.

Auch als Sie vor vier Jahren völlig unerwartet und unter höchst ungünstigen Bedingungen nach Bern kamen?
Die Umstände waren wirklich enorm schwierig, aber nicht wegen der mangelnden Kontakte. Ich kannte als ehemalige Präsidentin der Finanzdirektorenkonferenz (FDK) zahlreiche Parlamentsmitglieder aus den verschiedensten Fraktionen

und Kommissionen. Als wir beispielsweise vor ein paar Monaten im Ständerat die Unternehmenssteuerreform und insbesondere die Fragen des Wechsels zum Kapitaleinlegeprinzip besprochen haben, sagte SVP-Ständerat Hannes Germann aus Schaffhausen: Als ehemaliger Präsident der Kommission für Wirtschaft und Abgaben des Ständerats in den Jahren 2006/07 wisse er noch, welche Position ich vertreten habe, da ich damals als Präsidentin der FDK klare Stellungnahmen abgegeben habe. Dasselbe vernahm ich, als in einer Kommission das Kantonsreferendum vom Jahr 2004 gegen die Steuervorlage des Bundes angesprochen wurde. Die FDK hatte sich damals sehr dezidiert geäussert. Zudem war ich auch Mitglied des Leitenden Ausschusses der Konferenz der Kantonsregierungen (KdK) und hatte deshalb Kontakt zu verschiedenen eidgenössischen Politikerinnen und Politikern aus dem Gesundheits- und Sozialbereich.

Als Bündner Regierungsrätin und Präsidentin der Finanzdirektorenkonferenz haben Sie die Neugestaltung der Aufgaben und des Finanzausgleichs zwischen Bund und Kantonen (NFA) vorangetrieben, wo Sie nur konnten.

Ja. Weil der neue Finanzausgleich nicht nur die gröbsten Ungleichheiten zwischen Land und Stadt oder Bergregionen ausgleicht, sondern vor allem die Finanzierungsströme zwischen Bund und Kantonen klarer regelt. Das NFA-Modell geht in die richtige Richtung. Es konnten auch interkantonale Vereinbarungen mit Lastenausgleich in verschiedenen Gebieten abgeschlossen werden. In der Gesundheitsversorgung, im universitären Hochschul- und Fachhochschulbereich funktioniert der Lastenausgleich gut. Die Kantone, die

Nutzer sind, bezahlen ihren Anteil an den Kanton, der die Infrastruktur zur Verfügung stellt. Noch zu wenig weit sind wir im Kulturbereich. Auch dort gibt es zwar schon interkantonale Vereinbarungen, aber noch unter zu wenigen Kantonen. Solche Modelle brauchen Zeit. Die NFA ist ja erst seit 2008 in Kraft.

Sie sind eine überzeugte Föderalistin.
Allerdings. Weil ich die kulturelle und sprachliche Vielfalt unseres Landes als grosse Bereicherung erachte. Eine föderale Ordnung baut auf Respekt und Toleranz vor dem anderen, das man nicht gleichmachen will, sondern als solches akzeptiert. Das sind für mich wichtige Werte. Eine gute politische Kultur zeigt sich nicht zuletzt auch in einer guten, konstruktiven Zusammenarbeit. Die Kantonsgrenzen spielen dabei eine untergeordnete Rolle. Es gibt neue Formen, die den heutigen Bedürfnissen und vor allem auch der zunehmenden Mobilität in gewissen Fällen besser entsprechen. Verschiedene Kantone arbeiten grenzüberschreitend zusammen, ohne dass die politischen Grenzen dabei stören.

> *«Beim Finanzausgleich sind wir im Kulturbereich noch zu wenig weit.»*

Die Kantons- oder Gemeindezugehörigkeit ist ein wichtiger psychologischer Faktor.
Aber ich würde Bündnerin bleiben, auch wenn ich einer grösseren Agglomeration angehörte. Als Regierungsrätin habe ich die Diskussion über die Gemeindefusion in den Jahren 2006/07 sehr intensiv geführt. Im Oberhalbstein ist ein grosses Fusionsprojekt abgelehnt worden, weil das Gebiet zu gross

und mit drei verschiedenen Sprachen zu unterschiedlich war. Wie oft hörte ich die Frage: «Meinst du wirklich, wir seien die gleichen Leute wie die im Nachbardorf?» Und wie oft habe ich geantwortet: «Ja, denn ich sehe die grundlegenden Unterschiede nicht.» Im Münstertal wiederum wollten wir aus sechs Gemeinden eine machen, was uns gelungen ist. Verschiedene Gemeindebehörden waren mit uns von der Notwendigkeit einer Fusion überzeugt. Sie haben dann wiederum die Bevölkerung überzeugt. Was beweist, dass ein solcher Prozess von unten kommen muss, der Kanton kann nur unterstützend wirken.

Ihr Vater hat diesbezüglich eine andere Meinung als Sie.
Er ist ein noch grösserer Verfechter des Föderalismus und hat mit der Weiterentwicklung dieses Begriffs möglicherweise mehr Mühe als ich. Das ist einerseits eine Generationenfrage und hat andererseits wohl auch damit zu tun, dass ich als noch aktive Politikerin näher an den Entwicklungen bin als er.

Der Föderalismus garantierte früher bürgernahe Politik und war Garant für wirtschaftliche Freiheit. Heute steht er mehr für wettbewerbsfeindliche Abschottung.
Wettbewerbsfeindlich ist er ganz sicher nicht.

Der Steuerwettbewerb funktioniert, das ist richtig.
Nicht nur im Steuerbereich funktioniert der Föderalismus. Aber es stimmt, auch der Föderalismus ist weiterzuentwickeln. In verschiedenen Bereichen stösst er an Grenzen. Zum Beispiel bei der Betreuung und Versorgung von Menschen mit Behinderung. Da kann nicht jeder Kanton seinen eige-

nen Weg gehen; diese Aufgaben müssen interkantonal gelöst werden.

Wir haben weniger Einwohner als London, leisten uns aber 26 verschiedene Gesundheitswesen.

Es soll jeder Kanton für sich entscheiden können, wie er die allgemeine Spitalversorgung, die Betreibung von Pflegeheimen und Spitex-Organisationen handhaben will. Die Strukturen und damit auch die Lebensmuster sind in den schweizerischen Regionen ganz unterschiedlich. Im Kanton Genf beispielsweise kann man die eigenen Angehörigen allein von den räumlichen Verhältnissen wohl nur in Ausnahmefällen zu Hause betreuen, im Kanton Appenzell viel eher. Bei der Spitzenmedizin aber muss das Angebot konzentriert und zentralisiert sein. Es hat keinen Sinn, praktisch in jedem grösseren Kanton schwere Herzoperationen durchzuführen, mit dem Resultat, dass an gewissen Zentrumsspitälern nur wenige Herzoperationen gemacht werden. Es braucht einige wenige Kompetenzzentren. Ich reiste mit meiner Tochter während 13 Jahren regelmässig ins Zürcher Kinderspital, weil es eine Kinderkardiologie führt. Die Masse der Nutzer ist in der kleinen Schweiz beschränkt. Die NFA gibt diesbezüglich die richtige Richtung vor.

Die Konferenz der Erziehungsdirektoren (EDK) spricht von Schulharmonisierung auf föderalistischem Weg.

Dass eine Koordination zwischen den Kantonen bezüglich der Primarschule stattfindet, ist zu begrüssen. Mit der heutigen Mobilität, die ja auch im Arbeitsmarkt verlangt wird, muss ein Schulabschluss im Kanton Graubünden selbstverständlich einem solchen in Zürich entsprechen. Die obligatorische Schule wird mit dem Harmos-Konkordat vereinheitlicht, was man als Anhänger subsidiärer Lösungen zwar bedauern mag, im Sinne der geforderten Mobilität aber richtig ist.

Vereinbarte Standards alleine erhöhen die Qualität der Bildung nicht unbedingt.
Aber sie bringen eine bessere Vergleichbarkeit und eine gewisse Sicherheit, dass Schülerinnen und Schüler am Ende eines Schuljahres etwa den gleichen Bildungsstand haben.

Die grosse Umverteilung von Zentren in die Peripherie gefährdet das Wachstum der wirtschaftsstarken Metropolitanregionen.
Natürlich braucht es spezielle Entwicklungsprozesse im Metropolitanraum, zum Beispiel mit Bezug auf die Raumplanung. Das heisst aber nicht, dass der Föderalismus keinen Platz mehr hat. Die Frage ist nicht, ob man möglichst alles zentral machen soll, sondern, welches der richtige Raum ist, um die anstehenden Probleme wie Verkehr oder Raumplanung zu lösen. Als Bündner Regierungsrätin war ich Mitglied der Arge Alp, der deutsche, österreichische, italienische und schweizerische Regionen angehören. In diesem Verbund der Alpenregionen haben wir uns mit sehr guten Projekten auseinandergesetzt. Zum Beispiel mit der Verlagerung des Schwerverkehrs auf die Schiene.

Sie plädieren für ein Europa der Regionen?
Nicht als System, sondern als Form des Zusammenlebens in Bereichen, die grenzüberschreitend sind. Spezifische Eigen-

heiten sind möglichst dezentral zu lösen. Der Kanton Zürich hat selbstredend eine andere Beziehung zur Arge Alp als der Kanton Graubünden. Da ist es doch wunderbar, dass die Bündner mitmachen und über Lösungen diskutieren können, die in erster Linie sie angehen. Die Arge Alp hat bewiesen, dass die staatlichen Grenzen nicht entscheidend sind. Wir profitierten vom Know-how und von den Mitteln, die für das Europa der Regionen gesprochen worden sind. Ich könnte mir vorstellen, dass Europa sich noch stärker regionalisiert.

Könnte sich die Schweiz als föderalistisches und demokratisches Land nicht noch besser als vollwertiges EU-Mitglied einbringen?
Wir können auch als Nichtmitgliedsland sehr viel einbringen und tun das auch. Die EU-Mitgliedschaft anzustreben, wäre aktuell nicht der richtige Weg. Wenn ich Bilanz ziehe, überwiegen die Vorteile der bilateralen Zusammenarbeit gegenüber den Nachteilen nach wie vor. Föderalismus, direkte Demokratie, Gewaltenteilung, Rechtsstaatlichkeit und Subsidiarität sind Werte, die für das Zusammenleben der schweizerischen Bevölkerung zentral sind. Diese Werte aufzugeben, um allenfalls gewisse zusätzliche wirtschaftliche Vorteile zu gewinnen, ist nicht in unserem Sinn.

> *«Ich könnte mir vorstellen, dass Europa sich noch stärker regionalisiert.»*

Die EU macht uns das Leben schwer, verlangt beispielsweise die Regelung für die Übernahme von künftigem EU-Recht.
Wir sind nicht Mitglied der EU, deshalb ist die automatische Übernahme des EU-Rechts für uns nicht denkbar. Als souveräner Staat akzeptieren wir keine einseitig formulierten Lö-

sungen. Der bilaterale Weg ist ein Vertragswerk zwischen zwei Partnern. Die EU war einverstanden, diesen Weg zu begehen. Er ist zwischendurch etwas schwierig. Aber wenn es um spezifische Fachdossiers, um technische Lösungen geht, beispielsweise im Sicherheits- oder im Forschungsbereich, kann man sich durchaus einigen. Schwieriger ist es auf der politischen Ebene. Da braucht es Geduld und psychologisches Geschick.

Der innerschweizerische Druck steigt, das Personenfreizügigkeitsabkommen zu kündigen oder neu zu verhandeln.
Das sind keine tauglichen Lösungen. Wir haben das Abkommen damals mit den ersten 15 Staaten verhandelt, jetzt sind es 27. Verschiedene der neuen EU-Mitgliedsstaaten haben schon heute Mühe, die Sonderstellung, welche die EU der Schweiz gewährt hat, zu akzeptieren. Dementsprechend schwierig bis unmöglich wäre es, mit Neuverhandlungen eine bessere Lösung als die bestehende zu erzielen. Bei Neuverhandlungen bestünde zudem das Risiko, gewisse Vorteile wie die jetzige Schutzklausel zu verlieren. Umso mehr als wir wegen der Guillotine-Klausel riskieren, mit dem Freizügigkeitsabkommen gleich das ganze Vertragswerk der Bilateralen II zu verlieren. Wir sind auf europäische Arbeitskräfte angewiesen, wenn wir den Wirtschaftsstandort Schweiz wettbewerbsfähig halten wollen. Die Schwierigkeiten, die uns das Personenfreizügigkeitsabkommen in verschiedener Hinsicht macht, müssen wir mit den flankierenden Massnahmen besser in den Griff bekommen. Beispielsweise das Problem der Scheinselbständigkeit.

Die EU wirft uns vor, mit unseren flankierenden Massnahmen das Personenfreizügigkeitsabkommen zu verletzen.
Diese Vorwürfe sind unbegründet: Die flankierenden Massnahmen sind im Kampf gegen Lohndumping nötig, gerechtfertigt und mit dem Abkommen vereinbar. Es ist doch auch interessant zu beobachten, wie EU-Mitgliedstaaten die Personenfreizügigkeit umsetzen. An die EU-Nichtmitgliedsländer dürfen aber sicher keine höheren Anforderungen gestellt werden als an die EU-Staaten.

Die Schwäche der EU beschert uns einen überbewerteten harten Franken, der uns zu schaffen macht.
Der Import leidet nicht unter dem starken Franken. Der Export nur in bestimmten Bereichen, und zwar dort, wo nicht gleichzeitig auch Güter importiert werden, die in der Produktion verarbeitet werden. Es ist erfreulich, dass in gewissen Sektoren der Export im Jahre 2011 sogar noch zugenommen hat, beispielsweise bei Luxusuhren oder Pharmaprodukten. Schwierigkeiten hat vor allem die exportierende Maschinenindustrie. Sie zehrt von der Substanz, verschiedene Unternehmen befinden sich in einer bedrohlichen Situation. Wir haben einen Katalog von Massnahmen diskutiert, einzelne davon können rasch umgesetzt werden, wenn es notwendig wird. Zum Beispiel die Verlängerung der Entschädigung für Kurzarbeitszeit. Schon im Jahre 2008 haben wir ein Stabilisierungsprogramm in drei Stufen erarbeitet und jeweils die Massnahme ausgelöst, für die ein akuter Bedarf bestand. Der Erlass der Gewinnsteuer beispielsweise bringt uns nicht weiter. Die Unternehmen, die Probleme haben, zahlen ohnehin keine Gewinnsteuer, weil sie keinen Gewinn machen.

Wie wird die hiesige Wirtschaft mit der Rolle des Frankens als «sicherem Hafen» zurechtkommen, nachdem ein Ende der Schuldenkrise im Euro-Raum nicht abzusehen ist?
Mehrere Massnahmen fallen in die Kompetenz der Nationalbank, da hat sich die Politik nicht einzumischen. Nach heutigem Gesetz hat die Nationalbank die Aufgabe, Preisstabilität zu gewährleisten und die Währung zu sichern, soweit das möglich ist. Die Politik ist für die Stützung der Wirtschaft und des Werkplatzes Schweiz verantwortlich.

Was halten Sie von der grossen Macht der Rating-Agenturen?
Ich habe ein sehr distanziertes Verhältnis zu ihnen. Nicht zuletzt, weil ich die Arbeit einer solchen Rating-Agentur relativ nahe begleitet habe, als die Bündner Kantonalbank «geratet» worden ist und damit auch der Kanton. Und zwar in einer Situation, in der die Kantonsfinanzen weitgehend saniert waren. Mir wurde vor Augen geführt, mit welchen Annahmen die Rating-Agenturen arbeiten. Sie setzen gewisse Parameter als gegeben voraus, was nichts mit Wissenschaftlichkeit, sondern nur mit politischer Beurteilung zu tun hat. Es ist fatal, dass sie damit zum Teil ganze Volkswirtschaften ins Schlingern bringen. Sie haben sich diese Macht genommen, und man hat es zugelassen. Ich stelle fest, dass verschiedene Finanzminister diese Rating-Agenturen beziehungsweise ihre Arbeit ähnlich bewerten wie ich.

Sollen einzelne Länder aus der Euro-Zone austreten und ihre eigene Währung wieder einführen können, damit sie durch die Abwertung wettbewerbsfähiger werden?

Das würde voraussetzen, dass sich die EU auf die Bedingungen für einen solchen Austritt und einen späteren Wiedereintritt einigt. Es kann ja nicht sein, dass jedes Land, das Schwierigkeiten hat, nach Belieben aus- und später wieder eintreten kann. Sonst würde die Stabilität des Euro noch stärker untergraben. Auf dem Papier mögen diese Bedingungen einfach festzulegen sein, in der Realität ist es viel schwieriger.

Die Schwäche der EU verschafft den schweizerischen Gegnern der europäischen Integrationsbewegung grossen Auftrieb.

Trotz aller Schwierigkeiten und des Nichtvorhandenseins eines überzeugenden Plans, wie die überschuldeten Länder zu sanieren sind, ist die Folgerung falsch, die EU funktioniere nicht. Das, was in den letzten zwei Jahren von der EU geleistet wurde, vor allem seitens grosser EU-Länder wie Deutschland oder Frankreich, ist beachtlich. Ohne deren Bemühungen wären noch viel mehr Länder zahlungsunfähig. Problematisch ist, dass man viele der neu zur EU gestossenen Länder mit riesigen Staatsschulden aufgenommen hat.

> *«Bei einer Departementsreform ist zu überlegen, ob der gewonnene Nutzen den Aufwand rechtfertigt.»*

Die Schweiz hat ein grosses Interesse an der Stabilisierung der EU. Was kann sie als Nichtmitgliedsland dazu beitragen?

Einerseits unsere Mitgliedschaft beim Internationalen Währungsfonds. Wir bezahlen im Verhältnis zu unserer Grösse wegen unseres hohen Bruttosozialprodukts relativ viel ein. Ein Drittel des Euro-Schirms wird über den Internationalen Währungsfonds finanziert. Andererseits bieten wir die Abgeltungssteuer an. Damit tragen wir dazu bei, Steuerflucht zu verhindern. Mit Deutschland und Grossbritannien sind wir zu einer Lösung gekommen. Ich gehe davon aus, dass nach diesen Pilotländern auch andere dazukommen. Zum Beispiel Griechenland, das ein grosses Interesse an einer Regelung hat. Durch die Abgeltungssteuer fliessen Gelder in die Staatskasse des jeweiligen Herkunftslands.

Sind unsere geld- und finanzpolitischen Probleme nicht primär auf unser Abseitsstehen zurückzuführen?
Nein. Natürlich müssen wir uns bewusst sein, dass der eingeschlagene bilaterale Weg mit erheblichen Stolpersteinen gepflastert ist. Wir können nicht nur von den Vorteilen profitieren. Und wir können auch nicht um die ganze schweizerische Finanzpolitik einen Zaun errichten. Wir sind dermassen stark mit den europäischen Staaten verflochten, dass ein gesunder Zustand der EU sehr in unserem Interesse liegt. Auch uns schüttelt es durch, wenn es der EU schlecht geht, deshalb ist deren Stabilisierung wichtig. Man darf nicht so tun, als ob man völlig eigenständig und autonom Finanzpolitik betreiben könnte. Gerade Wirtschaftsvertreter von grossen Unternehmen müssten wissen, dass das nicht geht.

Die Schweiz tut sich mit Reformen sehr schwer. Die Staatsleitungsreform ist seit über dreissig Jahren ein Thema, getan hat sich nichts.
Immerhin haben wir nun ein konkretes Projekt vorgeschlagen, nämlich ein zweijähriges Präsidium und mehr Staatssekretäre für alle grossen Bereiche. Wenn ein Amtsdirektor die Schweiz an internationalen Verhandlungsrunden vertritt, ist seine Stellung nicht gerade komfortabel. Er braucht einen Titel und muss die Möglichkeit haben, für Konstanz zu sorgen.

Schliesslich amten Staatssekretäre nicht selten einiges länger als Bundesräte.

Glauben Sie an eine echte Regierungsreform, die für mehr Effizienz sorgen wird?
Darüber wird das Volk entscheiden müssen. Nur schon ein zweijähriges Präsidium benötigt eine Verfassungsänderung und damit eine Volksabstimmung. Aber immerhin haben wir mit der Zusammenlegung der Bildung, die ab 2013 umfassend im Volkswirtschaftsdepartement angesiedelt sein wird, eine kleine Departementsreform geschafft.

Es gäbe weitere Bereiche, die reorganisiert werden müssten. Beispielsweise die Sicherheit.
Man muss sich bei einer Reform immer auch überlegen, ob der gewonnene Nutzen den Aufwand rechtfertigt. Eine Departementsreform braucht viel Energie und kostet viel. Der Gewinn, den man sich dabei verspricht, muss also erheblich sein. Eine gleich gute Lösung reicht nicht. Auch ich war beispielsweise einmal der Meinung, das Grenzwachtkorps gehöre in ein Sicherheitsdepartement. Als wir die Schnittstellen von Grenzwachtkorps und Zollverwaltung genau untersuchten, stellten wir fest, dass sich der Aufwand im Verhältnis zu den erwarteten Verbesserungen nicht rechtfertigen liesse.

Eigentlich geht es doch nur um die Machtfrage. Niemand ist bereit, etwas abzugeben.
Ich habe in dieser Hinsicht in meiner bisherigen Zeit als Bundesrätin viel gelernt. Ich komme aus einem Kanton, der eine grosse departementale Reorganisation umgesetzt hat. Zu fünft

und mit grosser Unterstützung des Kanzleidirektors und seinem engagierten Team haben wir verschiedene Varianten intensiv diskutiert und uns dann gemeinsam für eine Variante entschieden. Wir haben uns bemüht, die Diskussion losgelöst von der Person des jeweiligen Departementsvorstehers beziehungsweise der Departementsvorsteherin zu führen – niemand hatte am Schluss den Eindruck, er oder sie stehe als Verlierer da.

Warum ist ein solches Vorgehen auf Bundesebene nicht möglich?
Ich kann nur sagen, dass es nicht möglich ist. Es sind eben auch Emotionen vorhanden. Im Übrigen gibt es ja auch nicht nur eine sachlich richtige Lösung.

Sie können die Sache gelassen angehen, das Finanzdepartement hätte kaum eine grosse Änderung zu befürchten.
Selbst wenn das so wäre, wäre das nicht ausschlaggebend. Immerhin haben wir nun in Bezug auf die Kommunikation einige Verbesserungen umgesetzt. Wir arbeiten in ständigen Ausschüssen, jedes Regierungsmitglied präsidiert einen und sitzt noch in zwei weiteren. Wir arbeiten mit Protokollen, die alle anderen Bundesratsmitglieder zugestellt bekommen. Die Ausschüsse kommen regelmässig zusammen, die anderen Kolleginnen und Kollegen werden dementsprechend kontinuierlich informiert. Das tönt einfach, ist es aber nicht.

In einer Krise bewähren sich solche Modelle selten.
Aber wenn diese Gefässe in guten Zeiten installiert werden, erhöht sich die Chance, dass sie auch in Krisenzeiten funktionstüchtig sind.

Gespräch über die Medien und ihre Entwicklung

«Den Charakter einer Person zu beurteilen, der man nie gegenübergesessen hat, geht einfach nicht an.»

Frau Widmer-Schlumpf, der Titel Ihrer Dissertation lautete «Voraussetzungen der Konzession bei Radio und Fernsehen». Ein brandaktuelles Thema.

An sich schon, aber meine damals behandelten Rechtsfragen sind längst überholt beziehungsweise in die Gesetzgebung eingeflossen. Meine Arbeit verfasste ich vor knapp einem Vierteljahrhundert, damals kamen die privaten elektronischen Medien auf, und die Rundfunkverordnung war erst im Entstehen. Ich war von den Geschehnissen fasziniert. Roger Schawinski stellte seinen Sender auf dem Pizzo Groppera in Italien auf, und seine Sendungen erreichten natürlich auch den Kanton Graubünden. Ich hatte im Rahmen meiner Recherchen die Gelegenheit, mit mobilen Sendestationen mitzufahren, erlebte die Ortung und die Verfolgung durch die Polizei. Heute, da die privaten elektronischen Medien längst etabliert sind, ist dieses Vorgehen schwer nachzuvollziehen.

Wissen Sie noch, was in Ihrer Dissertation steht?

Ich weiss vor allem noch, dass ich sie heute etwas anders schreiben würde. Ich war vor 25 Jahren – wenige Jahre nach

Abschluss meines Studiums – noch nicht in der Lage, das Ganze in einen Gesamtzusammenhang zu stellen. Dazu fehlte mir nur schon die politische Erfahrung. Aber ich habe die Arbeit mit Vergnügen geschrieben. Der renommierte Medienrechtler Wolfgang Larese war mein Doktorvater und hat mir dieses Thema vorgeschlagen. Es hat mich fasziniert, weil es eine lebendige Materie war.

Die Auseinandersetzung mit Konzessionsfragen ist aktueller denn je. Schauen Sie Medienministerin Doris Leuthard auf die Finger?
Sicher nicht. Aber natürlich interessieren mich die medienpolitischen Diskussionen im Bundesrat. Als wir noch unter Medienminister Moritz Leuenberger wieder mal über die Konzessionen debattierten, zitierte er zu unser aller Belustigung tatsächlich einmal etwas aus meiner Dissertation.

«Medienminister Moritz Leuenberger zitierte während einer Debatte aus meiner Dissertation.»

Das grosse Zürcher Medienhaus Tamedia AG verkaufte seine privaten Fernsehsender mit der Begründung, man könne nicht sicher sein, dass die Konzession wieder erneuert würde.
Das schien mir nicht die einzige Erklärung zu sein. Die Voraussetzungen für eine Konzessionserteilung sind klar geregelt, da gibt es keine Willkür. Auf Vorrat einen Sender zu verkaufen mit Berufung auf den Unsicherheitsfaktor, ist kaum der alleinige Grund für den Verkauf.

Die Ökonomisierung der Medien ist also das Mass aller Dinge?
Wenn man die Entwicklung betrachtet, geht es schon etwas in diese Richtung. Was mir Sorgen macht. In unserer direktde-

mokratischen Staatsform ist die Meinungsvielfalt ein wesentlicher Faktor. Grosse Medienhäuser mit fast schon marktbeherrschender Stellung können dieser Vielfalt zuwiderlaufen.

Eine marktbeherrschende Stellung gibt es mit der Gasser Media AG auch im Kanton Graubünden. Zu diesem Medienunternehmen gehören alle grossen Tageszeitungen wie Südostschweiz, Bündner Zeitung, Bündner Tagblatt, La Quotidiana *sowie mehrere Bündner Lokalzeitungen, Amtsblätter und Gratisanzeiger.*
Aber die inhaltliche Unabhängigkeit ist gegeben. Verwaltungsratspräsident Hanspeter Lebrument hat immer betont, dass er die Meinungsvielfalt weiterhin hochhalten und das auch zeigen will. Also fühlte ich mich geradezu aufgefordert, dies zu überprüfen. Tatsächlich stelle ich fest, dass lokalpolitische, aber auch bundespolitische Geschäfte oft unterschiedlich gewertet und bewertet werden.

Verfolgen Sie die lokalen Medien überhaupt noch?
Oh ja. Ich habe die drei Tageszeitungen *Südostschweiz, Bündner Tagblatt* und *Quotidiana* abonniert, die *Quotidiana* vor allem auch, damit ich im Romanischen drinbleibe. Ich finde es faszinierend, die Inhalte der verschiedenen Zeitungen zu vergleichen und festzustellen, wie oft unterschiedlich gewichtet wird. Was auch für die nationalen Tageszeitungen gilt.

Was lesen Sie sonst noch alles?
Viele Wirtschaftszeitungen, aber auch zahlreiche Tageszeitungen. Hingegen nutze ich die elektronischen Medien nicht regelmässig. Das war schon immer so. Wir hatten zu Hause zwar einen Fernsehapparat, aber ich interessierte mich wenig

fürs TV. Dafür umso mehr für die Zeitungen, was wahrscheinlich auf meinen Grossvater zurückgeht. Ich war als Kind oft bei meinen Grosseltern zu Hause. Wenn ich am Morgen hinkam, war mein Grossvater an der ersten NZZ-Ausgabe, am Mittag an der zweiten, und am Abend, wenn ich auf Wiedersehen sagte, las er die Abendausgabe. Er war praktisch den ganzen Tag mit der NZZ beschäftigt. Als ich dann an die Kantonsschule ging und selbst Zeitungen las, diskutierte ich oft mit ihm über deren Inhalt.

Sie hätten Journalistin werden sollen.
Das war tatsächlich einmal eine Überlegung. Aber damals konnte man Publizistik nur im Nebenfach studieren. Gegen Ende der Kantonsschulzeit stand aber ein Medizinstudium im Vordergrund. Schliesslich entschied ich mich für die Jurisprudenz.

Bei dieser grossen Affinität zu den Medien werden Sie sich sicherlich auch Gedanken über deren Entwicklung machen. Sinkt die Qualität wirklich, wie überall behauptet wird?
Ich habe den Eindruck, die Medien unterscheiden sich immer weniger voneinander, und es fehlt oft an Vertiefung. Wegen des Spardrucks wurden die personellen Ressourcen abgebaut. Immer weniger Medienschaffende sind für immer komplexere Vorgänge zuständig. Für vertiefte Abklärungen fehlt die Zeit. Das merken wir auch in der Regierung. Die Verwaltung bereitet zwar Pressemappen vor oder lädt zu Workshops ein, in denen komplexe Geschäfte wie etwa die «Too big to fail»-Vorlage erläutert werden. Aber weil immer weniger Medienschaffende ein immer grösseres Spektrum abdecken müssen,

kommen sie entweder nicht an diese Hintergrundveranstaltungen oder haben nicht die Musse, sich mit den Geschäften vertieft auseinanderzusetzen. Von daher gesehen ist es gut, dass ich mich beruflich nicht dem Journalismus verschrieben habe. Wenn ich etwas mache, will ich es gründlich machen und alle Fakten prüfen. Das scheint im heutigen Journalismus nur noch beschränkt möglich.

Die Politik nimmt immer mehr manipulativen Einfluss auf die Medien. Politiker versprechen eine gute Geschichte unter der Bedingung, dass sie sich selbst in einem Interview dazu äussern können.

Da mache ich nicht mit. Ich führe gerne Sachinterviews, aber Manipulationen oder Aktionen, auch wenn sie mir zugutekommen könnten, lasse ich bleiben. Man liest auch keine Homestorys über mich.

Aus dem Bundesrat werden immer wieder bewusst noch nicht öffentliche Unterlagen an einzelne Medien herausgegeben.

Aber nicht durch mich. Im Kanton Graubünden kam das in der Regierung nie vor, und ich hatte die Illusion, dass das auch in Bern möglich ist. Diesbezüglich habe ich mich getäuscht, und ich konnte auch nicht immer ausschliessen, dass ein Geschäft aus meinem Departement einem Journalisten «gesteckt» wurde. Wenn ich einen solchen Verdacht habe, rede ich sehr offen mit meinem Team und betone, dass ich ein solches Vorgehen nicht will. Es schadet schliesslich der Zusammenarbeit. Wir pflegen bei uns einen sehr offenen Stil, und es wäre schade, wir müssten darauf verzichten, weil Informationen zu früh an die Öffentlichkeit gehen.

Und wenn ein Geschäft aus einem anderen Departement an die Öffentlichkeit gelangt, obwohl der Gesamtbundesrat noch nicht darüber entschieden hat?
Dann reden wir im Gesamtbundesrat darüber. Aber man findet kaum heraus, wer der oder die Schuldige war.

Die SRG finanziert sich nach wie vor über Steuergelder und ist dem freien Markt weniger ausgesetzt als die Printmedien. Sind Ihre Erwartungen an die Qualität dieses Mediums deshalb besonders gross?
Die Konkurrenz durch die ausländischen Sender und die inländischen Privatsender ist enorm. Die Qualität der Sendungen der SRG ist, soweit ich das beurteilen kann, sehr gut.

Von gewisser Seite wird der SRG immer wieder politische Einseitigkeit vorgeworfen.
Auch ich habe Sendungen wie das Politmagazin «Arena» im *Schweizer Fernsehen* schon als politisch einseitig erlebt. Fairerweise muss ich aber einräumen, dass dieses Empfinden wohl immer auch etwas subjektiv ist.

Nun haben Sie Gelegenheit, sich in der neuen «Arena» beim privaten Sender Sat1 mit Moderator und FDP-Nationalrat Filippo Leutenegger darzustellen. Begrüssen Sie diese Konkurrenz?
Bundesräte mischen sich ja nicht direkt in den Wahlkampf ein. Aber für Filippo Leutenegger zahlt sich diese Sendung sicherlich aus. Einen günstigeren Werbeeffekt kann man sich gar nicht vorstellen. Er braucht dadurch weniger Gelder für seinen persönlichen Wahlkampf. Was mich betrifft, so bin ich froh, dass die SRG während zweier Wochen einen Wahlpar-

cours auf dem Bundesplatz und im Bundeshaus macht. Da bekommen alle eine Plattform, ungeachtet ihres Wahlbudgets und ihrer Wählerstärke.

Lohnen sich die hohen Kosten für die Aufrechterhaltung des Service public? Würde die SRG beispielsweise das rätoromanische Fernsehen nicht quersubventionieren, wären die Gebühren moderater?

Der Aufwand für den Service public stellt sich auch in anderen Bereichen. Gerade im Kanton Graubünden haben wir uns diese Frage im Zusammenhang mit nötigen Sparanstrengungen immer wieder gestellt. Es geht um den Grundsatzentscheid, ob man sich die kulturelle und sprachliche Vielfalt etwas kosten lassen will. Ich bejahe die Aufrechterhaltung dezentraler Strukturen mit ihren eigenen Kulturen. Rein betriebswirtschaftlich gesehen könnte man die ganze Bevölkerung des Kantonsgebiets im Raum Chur–Ilanz–Thusis–Landquart unterbringen. Das wäre machbar, da die Besiedlung in anderen Regionen relativ schwach ist. Aber gesellschafts- und sozialpolitisch wäre das grundfalsch. Ich bin eine grosse Verfechterin guter Infrastrukturen in allen Regionen.

«Mit Kritik, die nicht einzuordnen ist, kann ich schlecht umgehen.»

Aber zeigen die Lokalmedien diese kulturelle Vielfalt?

Ja. Beispielsweise gibt man sich beim romanischen Radio und Fernsehen und bei Tele Südostschweiz grosse Mühe, auch über ein Musikfest in der Surselva oder ein Volksfest im Puschlav zu berichten. Natürlich kann die Einhaltung des Service public nicht immer allen Anforderungen auf dem gleichen

Niveau gerecht werden. Aber im Grossen und Ganzen erfüllen sie ihren Auftrag.

Hat sich Ihr Verhältnis zu den Medien im Laufe der Zeit verändert?

Es ist ein riesiger Unterschied, ob man auf Kantons- oder Bundesebene politisiert. Auf kantonaler Ebene hatte ich den Eindruck, sehr viel nüchterner beurteilt worden zu sein als in Bern. Ich bin eine ausgesprochen sachorientierte Politikerin. Ich versuche nicht zu beeinflussen, sondern meine Überlegungen aufzuzeigen. Für mich ist es deshalb sehr schwer zu verstehen, wenn aus objektiven Sachverhalten irgendein Konstrukt gebildet wird, das mit Fakten nicht mehr viel zu tun hat. Interpretationen liegen im Ermessen des Journalisten, aber an die Sachlage hat er sich zu halten.

In den letzten Jahren wurden Sie als Person immer wieder heftig angegriffen.

Mit Kritik an sich habe ich überhaupt kein Problem, das ist das tägliche Brot von exponierten Personen des öffentlichen Lebens. Aber wenn man mir vorwirft zu lügen, wenn man mir, wie geschehen, wegen meines Wechsels vom Justiz- ins Finanzdepartement einen perversen Charakter vorwirft, dann ist das fast nicht zu verdauen. Es gibt ein Mass an Anstand, das meines Erachtens nicht unterschritten werden darf. Ich sagte jeweils auch zu meinen Kindern, wenn sie sich am Mittagstisch abfällig über ihnen nicht näher bekannte Personen äusserten, dass das zu weit gehe. «Man spricht nicht so über Menschen, die man nicht kennt», war eine Aussage, die sie ab und zu von mir zu hören bekamen. Die Beurteilung des Charakters einer Person, der man nie gegenüber gesessen hat, geht einfach nicht an. Wenn das jemand tut, mag ich nichts mit ihm zu tun haben.

Solchen Medienschaffenden verweigern Sie das Gespräch?
Das ist vorgekommen. Ich würde mir nie erlauben, und schon gar nicht im Gespräch mit Dritten, Leute so abzuqualifizieren, wie das gelegentlich geschieht. Mit Kritik, die nicht einzuordnen ist, kann ich schlecht umgehen. Gar nichts gegen kritische Bemerkungen habe ich, wenn es um Vorlagen geht oder auch um Äusserlichkeiten, die mich betreffen. Wie oft wurde über meine Schuhe, meine Kleider, meine Frisur geschrieben! In solchen Momenten bin ich beruhigt, dass es offenbar nichts Gravierenderes zu kritisieren gibt als mein Äusseres.

Sie haben Ihr Äusseres aber auch geändert. Sie tragen stilvollere Kleider und haben die Haare anders frisiert.
Ich unterwerfe mich zwar nicht der öffentlichen Meinung, wenn es um mein Äusseres geht. Aber ich nehme alle Leute ernst, selbst wenn sie sich zu meiner Frisur äussern. Nachdem mir eine Dame an einer öffentlichen Veranstaltung sagte, meine echte Haarfarbe habe ihr viel besser gefallen als die getönte, kehrte ich zur natürlichen Farbe zurück. Sehr zur Freude meines Mannes.

Sie sagten in einem Interview, man müsse davon ausgehen, dass immer weniger wahr ist von dem, was man in den Medien liest, hört und sieht. Ist das nicht etwas übertrieben?

Ich bezog diese Aussage auf die zunehmende Bedeutung des Online-Journalismus. Wenn etwas im Netz veröffentlicht wird, verbreitet sich diese Information in Windeseile. Ich habe Fälle erlebt, die mich in dieser zugegebenermassen etwas resignativen Haltung bestätigen: Nehmen wir nur ein Beispiel mit weitreichenden Folgen. Im Dezember 2010 wurde kolportiert, der Präsident des Direktoriums der Nationalbank, Philipp Hildebrand, habe im Bundesrat gesagt, das Verhältnis vom Euro zum Schweizer Franken werde 50 Rappen betragen. Das hat Herr Hildebrand nie gesagt, und mir ist es ein Rätsel, warum das ein Online-Journalist verbreitet hat. Aber die fatale Falschmeldung wurde sofort aufgenommen und gelangte bis in die amerikanischen Medien. Man berichtigte die Falschmeldung zwar, aber natürlich niemals im gleichen Mass, wie sie verbreitet worden war. Am 22. Dezember habe ich die neue Präsidentin der Finanzmarktaufsicht vorgestellt und die Gelegenheit wahrgenommen, in einem Nebensatz auf diese fatale Meldung zu sprechen zu kommen. Ein Journalist hat freimütig eingeräumt, man habe diese Nachricht ungeprüft übernommen.

Müsste bei der zunehmenden Bedeutung des Online-Journalismus das Datenschutzgesetz verschärft werden?
Die Bestimmungen im Datenschutzgesetz genügen, aber sie werden zu wenig konsequent angewendet. Weil die, die Grund zur Klage hätten, sich gut überlegen, ob sie die ganze Maschinerie in Bewegung setzen wollen, mit dem Risiko, dass die Auseinandersetzung lange dauert, sehr aufwendig ist und erst noch viel kostet. Zwischen recht haben und recht bekommen ist es ein langer Weg. Die Publizität, die die Beschreitung des

Rechtswegs mit sich bringt, hindert Einzelne, Politiker und Unternehmen daran, die Massnahmen zu ergreifen, die möglich wären. Wirksam ist eigentlich nur die Selbstverantwortung der Journalisten, und an die appelliere ich.

Sind die Medien die vierte Macht im Staat?
Das ist in unserem Staatssystem bis zu einem gewissen Grad so. Wenn man sich in der Öffentlichkeit einer direkten Demokratie Gehör verschaffen will, muss man das über die Medien tun. Oder wollen Sie die wichtigen Informationen wieder wie im Mittelalter am Rathaus aushängen? Oder den Weibel beauftragen, die Neuigkeiten auf dem Bundesplatz auszurufen?

Sind die Medien also fast schon systemrelevant?
Das ist nun doch etwas übertrieben. Kein Medium ist wirtschaftlich von solcher Bedeutung, dass es im Falle eines Konkurses den Staat schädigen würde. Zumal jedes Medienunternehmen durch ein anderes aufgefangen werden könnte.

Alle drei Gewalten, die Legislative, die Exekutive und die Judikative, sind kontrolliert. Wer aber kontrolliert die Medien?
Die Judikative ist eigentlich nur administrativ kontrolliert. Bei den Medien als sogenannte vierte Gewalt sind es die Konsumentinnen und Konsumenten, auch wenn sie nicht immer in meinem Sinn kontrollieren und das falsche Medium konsultieren (lacht). Zudem gibt es doch einen Rechtsrahmen, innerhalb dessen sich die Medien bewegen müssen. Alles kann sich auch ein Journalist nicht leisten. Bei Bürgerinnen und Bürgern, die nicht im Rampenlicht stehen, wahrscheinlich

noch weniger als bei denen, die im Schaufenster stehen. Bei einer nicht öffentlichen Person werden Medienschaffende eher wegen Persönlichkeitsverletzung verurteilt. Bei Personen des öffentlichen Lebens braucht es dafür mehr, und die Folgen sind meistens nicht die, die sich die Betroffenen wünschen, weil man mit einer Klage noch mehr Publizität generiert.

Wie beurteilen Sie die Qualität der Schweizer Medien im Vergleich zu den ausländischen?
Alles in allem als sehr gut. Wir pflegen grundsätzlich einen verantwortungsvollen Umgang miteinander, der von Respekt geprägt ist. In den USA wird in einem Ton über Personen und Institutionen hergezogen, der bei uns glücklicherweise nur sehr selten vorkommt.

Worauf führen Sie diesen verantwortungsvolleren Umgang zurück?
Auf unser politisches System, auf unsere Struktur des Zusammenlebens. Wir sind bei uns viel stärker auf eine konstruktive Zusammenarbeit angewiesen als in Ländern, deren Staatssystem auf Regierungsbeteiligung und Opposition beruht. Dort muss man sich viel stärker beziehungsweise plakativer profilieren als bei uns. Bei uns, zumindest bei zahlreichen politischen Verantwortungsträgern und politisch Interessierten, steht die Lösungssuche im Vordergrund. Was sich sowohl im politischen wie auch im wirtschaftlichen Leben zeigt.

Wohin führen uns Social Medias?
Ich bin nicht mit dem Internet aufgewachsen und habe den Einstieg eigentlich über meinen Sohn gefunden, der mir

«Nachhilfeunterricht» gab. Dabei habe ich üble Sachen entdeckt. Die Gewalt, die beispielsweise auf Youtube zu sehen ist, verleitet zu Imitationen, die fatal sind. Ich weiss nicht, wohin diese Entwicklungen noch führen, aber sie machen mir Angst. Die Missbräuche zu ahnden, ist eine Sisyphusarbeit.

Verleiten die Vorkommnisse im Internet die elektronischen Medien nicht dazu, mehr zu zeigen, als die ethische Verantwortung eigentlich zulassen würde?
Doch. Gerade kürzlich sah ich im Schweizer Fernsehen in einer Informationssendung, wie eine Frau zu Tode gesteinigt wurde. Entsetzlich. In der gleichen Sendung wurde auch noch gezeigt, wie Ferkel ohne Betäubung kastriert wurden. Das muss doch nicht sein!

«Wenn eine Steinigung vorgeführt wird, hat das mehr mit Voyeurismus denn mit Aufklärung zu tun.»

Die Medien zeigen doch nur die Realität.
Verschweigen soll man solche Vorkommnisse selbstverständlich nicht. Aber darüber sprechen und sie zeigen sind zwei verschiedene Dinge. Wenn eine Steinigung oder eine Ferkelkastration vorgeführt wird, hat das mehr mit Voyeurismus denn mit Aufklärung zu tun.

Werden wir in drei Jahren noch Zeitungen lesen?
Davon bin ich überzeugt. Printmedien werden immer eine hohe Bedeutung haben. Aber die neue Generation liest anders. Zwar auch noch Zeitungen, aber sie informiert sich viel stärker über die Online-Berichterstattung. Das tue ich nicht.

Würden Sie je ein E-Book lesen?
Nein. Ich bin ohnehin ein Mensch, der sich am Papier orientiert. Ich drucke praktisch alles auf Papier aus, auch wenn das ökologisch falsch ist. Ich will auch die Gesetzestexte in Papierform. Meine Reden überarbeite ich zwar am Computer, aber die letzten Korrekturen mache ich auf dem ausgedruckten Manuskript. Da bin und bleibe ich altmodisch.

Gespräch über Migration, Zuwanderung und das Personenfreizügigkeitsabkommen

«Bei der Einschränkung der Zuwanderung stehen vor allem die Arbeitgeber in der Pflicht.»

Frau Widmer-Schlumpf, gemäss Ausländerbericht 2010 weist die Schweiz einen Ausländeranteil von 21,6 Prozent auf, währenddem auch die Zahl der Einbürgerungen rasant zugenommen hat. Ist der Ausländeranteil also nicht zu hoch?
Es gibt keine Zahl, die die Grenze zum Zuviel definiert. Die entscheidende Frage ist, welchen Anteil die Gesellschaft akzeptiert. Wir haben Kantone und Städte mit einem Ausländeranteil von 39 Prozent, die wenige Probleme damit haben, während andere mit 20 Prozent grosse Schwierigkeiten haben. Als ich noch für den Migrationsbereich zuständig war, war ich viel unterwegs und völlig überrascht, wie viele mir sagten, sie seien Ausländer. Entscheidend ist der Wille zur und die Möglichkeit für die Integration.

Wie lässt sich der Integrationsgrad wirksam prüfen?
Ausländerinnen und Ausländer erhalten zuerst eine Aufenthaltsbewilligung – eine B-Bewilligung – und nach einer gewissen Zeit die Niederlassung, die C-Bewilligung. Zwar sollte der Grad der Integration geprüft werden, bevor eine Niederlassungsbewilligung erteilt wird. Welches aber die genauen

Kriterien der Integration sind, war bis anhin nicht klar definiert. Neu sollen nun Kriterien für die Integration festgelegt und bei den Gesuchstellern systematisch überprüft werden. Eines dieser Kriterien ist die Kenntnis einer Landessprache. Wird um die Erteilung der Niederlassung ersucht, muss diese Voraussetzung genauer geprüft werden als in den letzten Jahren, und zwar bei allen Familienmitgliedern. Es nützt wenig, wenn der Vater am Arbeitsplatz problemlos deutsch spricht, die Kinder in der Schule gut integriert sind, die Mutter aber kaum aus dem Haus geht und sich nicht einmal beim Einkaufen verständigen kann. Der Integrationsgrad ist deshalb künftig schon bei der Niederlassung und nicht erst bei der Einbürgerung besser zu prüfen. Das ist wichtig und richtig, vor allem bei den vielen Gesuchstellern aus uns fremden Kulturen. Es kann nicht sein, dass sich auch Leute, die offen und liberal denken und handeln, mittlerweile bedrängt fühlen.

> *«Der Integrationsgrad ist künftig schon bei der Niederlassung, nicht erst bei der Einbürgerung zu prüfen.»*

Das Unwohlsein führt zu einem politischen Rechtsrutsch.
Diese Entwicklungstendenz macht mir Sorgen, weil man vom einen Extrem ins andere fällt. Wir waren über Jahre hinweg zu grosszügig. Mit dem bekannten Resultat.

Die Integration von Italienern und Portugiesen in den 1970er-Jahren war problemlos?
Mehrheitlich ja. Ich habe als Mädchen selbst erlebt, wie sehr sich die italienischen Staatsangehörigen im Kanton Graubünden Mühe gegeben haben, sich zu integrieren. Die Zuwande-

rung führte in unserer Region dazu, dass die Katholiken mittlerweile in der Mehrheit sind. Vor dreissig Jahren war mehr als die Hälfte protestantisch. Das hat zu keinerlei Schwierigkeiten geführt, was doch auch erstaunlich ist. Selbstverständlich hat uns die Italianità bei der Integration von Menschen südeuropäischer Länder geholfen. Aber wesentlich war ihr Verhalten. In den letzten Jahren hatten wir eine zu grosse Zuwanderung aus Staaten, deren Angehörige sich nicht integrieren wollen und als Diaspora leben. Es darf doch nicht sein, dass ein Bub aus einem uns fremden Kulturraum schon im Kindergarten sagt, wo es langgehen muss. Vor einiger Zeit wurde festgestellt, dass im Kanton Graubünden mehr Muslime als Rätoromanen wohnen. Wenn man die deutliche Mehrheit stellt, wenn man sagen kann, was bei uns gilt, fühlt man sich auch nicht bedrängt. Aber je mehr unterschiedliche Gruppen mit unterschiedlichen Wertvorstellungen und Philosophien sich bei uns niederlassen, desto grösser ist das Gefühl der Bedrängung unserer ureigensten Kultur.

Die kulturelle Vielfalt hat die Schweiz immer bereichert.
Natürlich. Aber man sollte das kulturelle Zusammenleben mit so verschiedenen Kulturen auch nicht unreflektiert beschönigen. Die Multikulturalität ist eine Bereicherung, aber sie kann auch zur Belastung werden.

Ist eine Aufkündigung des Schengen-Abkommens in Betracht zu ziehen?
Nein. Wenn wir aus dem Schengen-Verbund austreten würden, wären wir ganz auf uns selbst gestellt. Dann können alle bei uns einreisen. Zurückschaffen könnten wir die Eingereis-

ten nicht ohne Weiteres, nicht zuletzt in verschiedenen Fällen auch aus humanitären Gründen nicht. Ich will die Schwierigkeiten mit dem Schengen-Abkommen gar nicht verschweigen. Aber es ist immer noch die beste Lösung, die sich uns bietet. Man versucht dabei, die Probleme gemeinsam zu lösen.

Die Angst vor Arbeitsplatzverlust durch die Zuwanderung ist gross. Diese Stimmung in der Bevölkerung wird auch durch verschiedene Marktforschungsstudien bestätigt.
Wir erfahren eine Konkurrenz auch im hochrangigen Segment. Bedrängt fühlen sich deshalb vor allem auch gut ausgebildete Schweizerinnen und Schweizer, die in qualifizierten Funktionen beispielsweise im Hochschulbereich oder in den Spitälern tätig sind oder tätig sein möchten. Bei den Niedrigqualifizierten ist die Situation etwas anders: Man sieht, dass man in diesen Bereichen auf die Ausländer angewiesen ist.

Können Sie die Ängste nachvollziehen?
Zwischen 1995 und 2001, also vor der Einführung der Personenfreizügigkeit, lag die durchschnittliche jährliche Wanderungsbilanz der ständigen ausländischen Wohnbevölkerung bei 24 000 Personen. 2010 bei rund 65 000. Das hat mit der Personenfreizügigkeit zu tun. Ich verstehe den Unmut, wenn jüngere Leute, die eine gute Berufsausbildung gemacht haben, durch jüngere Ausländer «ausgestochen» werden. Der Umgang mit dieser Konkurrenzsituation ist schwierig.

Wie kann der Bund intervenieren?
Grundsätzlich hat uns die Zuwanderung nicht geschadet, ganz im Gegenteil. Wir haben eine Arbeitslosigkeit von weni-

ger als drei Prozent. Wir sind viel besser als unsere europäischen Nachbarn durch die Wirtschaftskrise gekommen. Im Übrigen erhalten Ausländerinnen und Ausländer nur eine Aufenthaltsbewilligung, wenn sie einen Arbeitsplatz haben. Die Verantwortung liegt also in erster Linie bei den Arbeitgebern.

Warum werden ausländische Arbeitskräfte den Schweizerinnen und Schweizern vorgezogen?
Manchmal wohl, weil sie bereit sind, zu anderen Bedingungen als die inländischen Arbeitskräfte zu arbeiten. Gerade unser duales Ausbildungssystem hat Vorzeigecharakter. Es gibt meines Erachtens keinen Grund, unsere Berufsleute nicht häufiger einer ausländischen Kraft vorzuziehen. Da liesse sich mehr lenken. Bei einer vergleichbaren Ausbildung und Befähigung sollten Schweizerinnen und Schweizer zuerst angestellt werden. Es ist interessant festzustellen, wie gewisse Arbeitgeber sich vehement gegen die Personenfreizügigkeit aussprechen, aber selbst oft Ausländerinnen und Ausländer anstellen.

Ausländische Arbeitskräfte sind nicht nur finanziell schneller zufrieden als Schweizerinnen und Schweizer. Sie sind oft auch einsatzwilliger, bereit, mehr zu arbeiten als gesetzlich gefordert.
Wir haben nicht von ungefähr Maximalarbeitszeiten eingeführt, an die sich alle halten sollten. Sonst kommt es eben dazu, dass gewisse Arbeitskräfte mehr arbeiten. Das kann im direkten Interesse des Arbeitgebers liegen. Andere, die sich an die Regeln halten, können sich dann aber geprellt fühlen. Grundsätzlich wären manche Schweizerinnen und Schweizer

sicher auch bereit, sich noch mehr zu engagieren. Es soll aber vermieden werden, dass dieses Mehr zur Norm wird. Die Arbeitszeit ist ja gesetzlich geregelt.

Eine Kontingentierung der Personenfreizügigkeit erachten Sie als überflüssig?
Die Personenfreizügigkeit hat das Wachstumspotenzial der Schweizer Wirtschaft gesteigert. Das zeigte auch der siebte Bericht des Staatssekretariats für Wirtschaft (Seco) über die Auswirkungen des Personenfreizügigkeitsabkommens. Die Zuwanderung aus den EU- und Efta-Staaten liegt aber höher als vermutet. Vor zwei Jahren hätten wir die Möglichkeit gehabt, die Ventilklausel anzurufen. Heute sind die Grundlagen anders. Wichtig ist nun aber, dass die flankierenden Massnahmen konsequent umgesetzt werden.

Wegen der Zuwanderung droht die Absenkung des Lohnniveaus.
Laut dem Verwaltungsbericht 2010 ist bisher kein grossflächiger Druck auf Löhne und Stelleninhaber eingetreten. Gegen den Druck auf die Löhne wäre dann nichts einzuwenden, wenn die Lebenshaltungskosten im gleichen Masse sinken würden. Das aber tritt kaum ein.

Problematisch ist die Situation auf dem Wohnungsmarkt.
Das ist tatsächlich so, und da sind Massnahmen erforderlich.

Auch das Sozialversicherungssystem wird durch die Zuwanderung massiv belastet.
Bei den Angestellten ist die Möglichkeit des Missbrauchs beschränkt. Die Arbeitskräfte aus den EU- und Efta-Staaten ha-

ben aufgrund ihrer günstigen Altersstruktur bisher deutlich mehr Beiträge in die Versicherungen einbezahlt, als sie daraus beziehen. Was aber, wenn sie als 50-Jährige kommen und dann mit 65 Jahren pensioniert werden? Über die ganze Lebensbiografie hinaus betrachtet kann das zuungunsten der Sozialversicherung ausfallen. Wir dürfen aber nicht immer nur an die Finanzen denken! Was mich auch beschäftigt, ist, dass wir in der Schweiz tendenziell immer mehr und besser ausbilden, dann aber doch immer wieder ausländischen Arbeitskräften den Vorzug geben.

Liegt das Problem nicht auch in der zunehmenden Akademisierung? Warum sollen beispielsweise Kindergärtnerinnen eine Matura vorweisen müssen?

Wie problematisch eine zu kopflastige Ausbildung ist, sieht man zum Beispiel in der Pflege, wo wir nicht mehr genügend Personal finden. Auch bei den Kindergärtnerinnen braucht es meines Erachtens keine gymnasiale Matura. Meine Schwester war eine sehr gute Kindergärtnerin, ohne Gymi-Abschluss.

> *«Man zählt oft nur jene Ausländer zu den Ausländern, die einem nicht passen.»*

Die Diskussion über das richtige Mass der Zuwanderung wird durch die Drittstaatenproblematik noch zusätzlich erschwert.

Das ist so. Diesbezüglich haben wir aber keinerlei Verpflichtungen. Wir holen viele Arbeitskräfte mittels Kontingenten in die Schweiz, dabei fänden wir die nötigen Fachkräfte mindestens zum Teil im EU-Raum oder sogar in der Schweiz. Wenn man ernsthaft über Einschränkung diskutieren will, dann müsste man vor allem die Drittstaatenproblematik angehen.

Aber dagegen wehren sich verschiedene Unternehmen. Man zählt oft nur jene Ausländer zu den Ausländern, die einem nicht passen. Einig ist man sich nur bei den kriminellen Ausländern, aber das ist eine Minderheit.

Das Wohlstandsland Schweiz hat eine besondere Anziehungskraft für alle Arten von Ausländern.
Sicher, prozentual zur schweizerischen Bevölkerung ist die Zuwanderung bei uns grösser als im gesamteuropäischen Vergleich. Aber bei uns war der Ausgangspunkt auch ein anderer. Wir hatten schon Anfang des 20. Jahrhunderts eine Zuwanderung in der Höhe von 15 bis 20 Prozent. Etwas schmunzeln musste ich jeweils, wenn ich als Justizministerin meinen ausländischen Kolleginnen und Kollegen begegnete. Vor zwei Jahren beispielsweise traf ich die finnische Justizministerin, die betonte, wie problematisch die momentan jährlich 3000 Zuwanderer nach Finnland seien. Der norwegische Justizminister erwähnte sorgenvoll die 12 000 im Jahre 2010. Dabei sind diese Zahlen im Vergleich zur Schweizer Wanderungsbilanz 2010 von rund 65 000 wahrlich tief.

Gesamteuropäisch hoch liegen wir auch bei den Asylbewerbern.
Nur bei gewissen Staatsangehörigen wie beispielsweise den Nigerianern. Aber das fällt nur auf, weil sie sich oft negativ bemerkbar machen. Sie versuchen, das System auszunutzen; verhalten sich in den Empfangszentren sehr destruktiv. Ich ärgerte mich bei meinen Besuchen jeweils masslos, wenn gewisse Staatsangehörige arrogant auftraten und ausgerechnet die Betreuer fertigmachten. Wenn ein Gastland so ausgenutzt wird, müsste man mit viel schnelleren Wegweiseverfahren operieren

können. Mit der Asylgesetzrevision haben wir das versucht, soweit es in der Kompetenz des Bundesamts für Migration liegt. Aber auch wenn das Verfahren noch so beschleunigt wird, ist das heute noch zeitlich aufwendige Beschwerdeverfahren ans Bundesverwaltungsgericht oft eine Bremse. Wenn zwei Jahre vergehen bis zu einem Urteil des Bundesverwaltungsgerichts, kann es mit Bezug auf die Ausweisung zu Härtefällen kommen.

Gehen wir diesbezüglich wirklich weiter als andere europäische Staaten?
Ja. Die Gewährung des rechtlichen Gehörs ist bei uns sehr ausgeprägt. In Schönwetterzeiten funktioniert unser Modell gut, aber in schwierigen Zeiten fehlen uns die Möglichkeiten der schnellen Entscheidung. Lange nicht alles, was im Rahmen des Gesetzes machbar ist, ist auch vernünftig!

Konnten Sie sich menschlich immer genügend abgrenzen, wenn es um Härtefälle ging?
Solange man so vorgeht, dass man sowohl der Bevölkerung als auch unserem hohen Credo der humanitären Tradition Rechnung trägt, ja. Einige Härtefälle konnten wir sehr pragmatisch lösen. Beispielsweise bei Familien, die an sich keinen eigentlichen Asylgrund geltend machen konnten, die aber gut integriert waren und deren Kinder schon seit Jahren hier zur Schule gingen.

Fälle, die Ihnen wirklich zu schaffen machten, hatten Sie nie?
Doch. Der Fall war sogar Gegenstand des Dokumentarfilms *La forteresse,* der am Filmfestival Locarno im Jahre 2008 ge-

zeigt und prämiert wurde. Es geht dabei um das Empfangs- und Verfahrenszentrum für Asylbewerber in Vallorbe. Ein Asylbewerber, ein Iraker, spielte im Film mit und war vom bekannten Regisseur Fernand Melgar aufgenommen worden, dessen Vater 1962 von Marokko in die Schweiz emigriert war. Der besagte Iraker war in Schweden als erstem Asylland registriert und kam von dort in die Schweiz. Melgar setzte sich sehr für seinen Verbleib ein. Schweden ist aber ein humanitäres Land, und ich war verpflichtet, den Iraker zurückführen zu lassen. Hätten wir ihn aufgenommen, hätten wir ein Präjudiz geschaffen. Der Iraker ist heute mit einer Schweizerin verheiratet und lebt in der Schweiz.

Welchen Eindruck hatten Sie bei Ihren Besuchen der Empfangszentren?
Die Mitarbeitenden machen einen sehr eindrücklichen Job. Es braucht eine enorme mentale Stärke und ein grosses psychologisches Geschick, um herauszufinden, wer einen über den Tisch ziehen will und wer sich wirklich in einer sehr schwierigen Situation befindet. Die Mitarbeitenden müssen harte Entscheide umsetzen und Menschen in eine ungewisse Zukunft schicken, auch kleine Kinder, dafür braucht es sehr viel Kraft. Eine junge Mitarbeitende in einem Empfangszentrum hat mir von einem Fall erzählt, in dem die Polizei kam, um Vater, Mutter und die beiden Kinder auszuschaffen. Der Vater hat sich im Beisein seiner ganzen Familie die Pulsadern aufgeschnitten. Solche Bilder kann man nicht vergessen.

Sie hatten nicht zuletzt als Justizministerin oft und intensiv mit fremden Kulturen zu tun. Selber haben Sie nie im Ausland gelebt. Fehlt der «Bündner Berglerin» nicht etwas der kulturelle Weitblick?
Ich habe wahrlich nicht den Eindruck, dem Bild einer sturen Bündner Berglerin zu entsprechen! Sowohl als Mittelschülerin als auch als Studentin hatte ich viel Kontakt mit Menschen anderer Nationalitäten. Auch als Anwältin war mir der Umgang mit Ausländerinnen und Ausländern sehr vertraut. Ich glaube, ich kann fremde Kulturen gut verstehen und nachleben, was in Menschen anderer Kulturen vorgeht.

Hatten Sie nie das Bedürfnis, einmal länger im Ausland zu leben?
Doch. Eigentlich wollte ich einen Teil meines Studiums in Heidelberg oder im holländischen Leyden machen, aber da kam mein Mann dazwischen. Er war an der ETH und wollte das Studium in der schnellstmöglichen Zeit absolvieren. Da machte auch ich mein Studium in der kürzesten Zeit.

Wo haben Sie sich denn Ihre Sprachkenntnisse angeeignet?
Nach der Matura habe ich an der Sorbonne in Paris eine sehr gute Zeit verbracht. Zudem hatten wir eine Tante in der Romandie, die wir regelmässig besuchten. Noch während der Kantonsschulzeit war ich in England. Ich hatte die Gelegenheit, in einem Camp an der Uni in Canterbury zusammen mit jungen Leuten aus sechzig Nationen ein paar Wochen einen Sprachaufenthalt zu erleben. Während dieser Zeit lernte ich auch eine Familie kennen, die in Canterbury ein Geschäft hatte. Wir haben immer noch Kontakt. Die ersten Tage dieser

Begegnung werde ich nie vergessen: Es war eine gut situierte Familie und der Vater zunächst in gut englischer Manier relativ distanziert. Am zweiten Tag unserer Begegnung erzählte er während des Essens, er würde anderntags nach Portsmouth reisen, um ein Auto der Marke Jaguar zu kaufen. Ich sagte sofort, dass ich gerne mit ihm reisen würde. Er war so erstaunt und begeistert, dass ich junge Frau ihn bei einem solchen Kauf begleiten wollte, dass von da an das Eis gebrochen war.

Sie führen immer wieder harte Verhandlungen auch mit den amerikanischen Steuerbehörden. Ohne Übersetzungshilfe?
Ja, solange es nicht um schwierige technische Fragen geht.

Und wie steht es mit Italienisch?
Da habe ich als Bündnerin keine Probleme, soweit es den passiven Sprachgebrauch anbelangt. Aktiv habe ich jeweils gewisse Anlaufschwierigkeiten.

Gespräch über Frauen und Männer und deren Verhältnis zueinander

«Für Männer und Frauen gelten nicht immer dieselben Spielregeln.»

Frau Widmer-Schlumpf, war es für Sie immer selbstverständlich, eine berufstätige Mutter zu sein?
Ja. Mein Mann und ich kannten uns aus der Kantonsschulzeit. Er studierte dann an der ETH und ich an der Uni Zürich. Wir sprachen damals oft über unsere gemeinsame Zukunft. Er wusste, dass ich nicht ein Studium absolvierte, um danach nichts damit anzufangen. Gleichzeitig wollten wir beide Kinder.

Hatte Ihre Studienwahl etwas zu tun mit dem Wunsch, neben der Familie zu arbeiten?
Ja. Ursprünglich wollte ich Kinderärztin werden. Ich habe Kinder immer sehr gemocht, und meine Mutter, die erste diplomierte Säuglings- und Kinderkrankenschwester im Kantonsspital Graubünden, hat mich sicherlich in diesem Berufswunsch beeinflusst. Aber als Ärztin hätte ich Beruf und Familie wohl kaum so problemlos miteinander vereinbaren können wie als Juristin. Ich hatte mir eigentlich vier Kinder gewünscht.

Haben Sie sich vor der Geburt des ersten Kindes auch darüber unterhalten, wie Sie sich organisieren würden?
Natürlich. Für mich war klar, dass ich mich während der Woche um die Familie kümmern würde und dass ich, sollte eines unserer Kinder gesundheitliche Probleme haben, zu Hause bleiben würde. Kurz nach der Geburt unserer ersten Tochter Carmen starb meine Schwester, und ich verbrachte ein halbes Jahr bei meiner Mutter in Bern. Danach arbeitete ich teilzeitlich auf dem Gericht. Carmen war kerngesund und sehr pflegeleicht. Gelegentlich nahm ich das Baby sogar in einem Moseskörbchen zur Arbeit mit und stellte es unter das Pult der Sekretärin. Das ging wunderbar, Carmen war sehr zufrieden. Als unsere zweite Tochter Giannina mit einem schweren Herzproblem zur Welt kam, setzte ich ein Jahr aus. Ich wollte sie selbst betreuen und ganz für meine beiden Mädchen da sein.

Fehlte Ihnen die intellektuelle Herausforderung am Arbeitsplatz nicht?
Nein, was mir fehlte, war die Ablenkung, um wieder zur Ruhe zu kommen. Ich hatte viele schlaflose Nächte, weil ich mir um unsere Tochter so grosse Sorgen machte. Also beschloss ich, während dieser Zeit für die Notariatsprüfung zu lernen. Tagsüber kümmerte ich mich gerne um die Töchter. Und in der Nacht, wenn die schweren Gedanken kamen, lenkte ich mich durch die Vorbereitung auf die Prüfung ab. Damit habe ich eine Art Selbsttherapie betrieben. Nach der Prüfung im Jahre 1986 habe ich wieder teilzeitlich gearbeitet, als Aktuarin auf dem Gericht.

Sie waren 15 Jahre alt, als das Frauenstimmrecht im Jahre 1971 auf eidgenössischer Ebene angenommen wurde. Hat Sie dieser Volksentscheid politisiert?
Nicht im eigentlichen Sinn politisiert, aber viel kritischer gemacht. Mein Vater hat sich immer sehr vehement für die Einführung des Frauenstimmrechts eingesetzt, schon 1959, als es zum ersten Mal auf Bundesebene zum Volksentscheid kam; und dann vor allem auch 1968, als wir auf Kantonsebene darüber abstimmten. Ich begann in der Schule innerlich zu rebellieren. Aber nicht etwa, indem ich politisch aktiv werden wollte, sondern vielmehr aus dem Willen heraus, das Leben zu leben, das mir vorschwebte, nämlich Beruf und Familie vereinbaren zu können.

Ihre Mutter hat nach der Geburt ihrer Kinder ihren Beruf an den Nagel gehängt und ist nie wieder erwerbstätig gewesen.
Das hat zu unserer ersten und in meiner Erinnerung auch einzigen ernsthaften Auseinandersetzung geführt. Meine Mutter ist eine sehr geduldige und liebe Person, die kaum jemanden kritisiert. Als ich etwa 16 Jahre alt war, forderte ich sie auf, doch wieder als Kinder- und Säuglingskrankenschwester zu arbeiten. Damals hatten wir in Chur einen grossen Mangel an ausgebildeten Krankenschwestern, erst recht beim Pflegepersonal für Kinder. Sie reagierte dann sehr dezidiert. Sie habe sich so entschieden, und wenn ich mich eines Tages anders entscheiden würde, werde sie mir auch helfen. Aber ich solle ihre Wahl ebenso akzeptieren. Diese Diskussion hat mich geprägt.

«Vor allem Frauen in meinem Alter kritisierten mich, weil ich eine erwerbstätige Mutter war.»

Inwiefern?
Indem ich klar der Meinung bin, jeder und jede solle sein Leben so leben, wie er oder sie es will und wie es für die Gemeinschaft, in der er oder sie lebt, stimmt.

Nicht alle können sich das leisten.
Deshalb war es mir immer ein Anliegen zu helfen, wo ich helfen konnte – beispielsweise in der Freiwilligenarbeit –, und für geeignete Rahmenbedingungen zu sorgen. Als unsere Tochter schwer krank und längere Zeit im Zürcher Kinderspital war, realisierte ich, wie wertvoll die Krippe des Kinderspitals ist. Als Mitglied eines Frauenserviceclubs baute ich mit anderen Frauen zusammen eine Kindertagesstätte in Chur auf. Wir bildeten eine Arbeitsgruppe, jede von uns hatte einen bestimmten Bereich abzudecken. Die Krippe war vom ersten Tag an voll, und wir mussten schnell ausbauen. Es gibt sie heute noch.

Sie selbst haben nie eine externe Kinderbetreuung beansprucht.
Weil ich ein ideales Umfeld hatte. Meine Mutter kümmerte sich um die Kinder, ebenso meine Schwiegermutter. Zudem unterstützten mich zwei Freundinnen. Die eine Freundin, sie ist die Patin meiner jüngeren Tochter, war immer und zu jeder Zeit bereit, spontan einzuspringen, wenn «Not am Mann beziehungsweise der Frau» war. Die andere Freundin, die Patin meines Sohnes, akzeptierte die Patinnenrolle unter der Bedingung, dass sie Ursin einen Tag pro Woche bei sich haben durfte. Das hat sie dann auch sehr lange gemacht.

Sie arbeiteten, Ihre Kinder wurden fremdbetreut. Hatten Sie nie ein schlechtes Gewissen?
Nein. Unsere Kinder waren ausgesprochen gerne bei meiner Mutter, meiner Schwiegermutter und auch bei den Pateneltern. Als die Kinder älter wurden, haben sie mich in meiner Arbeit sehr unterstützt, nicht zuletzt wohl auch, weil sie feststellten, dass ich nach einem Arbeitstag sehr zufrieden war. Zu Hause war ich mit Haut und Haar Mutter, bei der Arbeit mit Haut und Haar Berufsfrau. Meine älteste Tochter, die Anwältin ist, sagte mir kürzlich, sie wolle es einmal so handhaben wie ich. Das ist das schönste Kompliment, das sie mir machen konnte.

Ihre Kinder mögen diese Wahl begrüsst haben. Aber wurden Sie von der Bevölkerung wegen Ihrer Doppelrolle nie kritisiert?
Doch, bezeichnenderweise vor allem von Frauen in meinem Alter. Nicht wegen meiner Fachkompetenz, die hat mir kaum jemand abgesprochen. Sondern eben, weil ich eine erwerbstätige Mutter war. Diese Angriffe haben mich belastet, weil ich so ganz anders denke. Ich habe mich immer gegen Wertungen gewehrt und nicht verstanden, dass andere Frauen andere Lebenswege infrage stellen.

Solche Frauen waren neidisch?
Wenn man etwas ändern will, hat man die Möglichkeit dazu. Im besten Fall entscheidet die Frau zusammen mit dem Partner, welchen Weg sie gehen will. Dann ist man zufrieden, was immer man auch tut. Meine Mutter hat das Hausfrauendasein mit grösstem Selbstbewusstsein gewählt und gelebt. Ich habe einen anderen Weg eingeschlagen. Entscheidend ist die innere Zufriedenheit, für die jeder und jede zu einem guten

Teil selbst verantwortlich ist. Heutzutage herrscht eine grosse Wahlfreiheit, und das ist gut so.

Obwohl Sie auch nicht immer ganz frei waren in Ihrer Wahl.
Nicht in der Wahl meiner Ämter, aber in der Wahl meiner Rolle. 1985 hat die SVP in unserem Kreis Trin eine Richterin gesucht, die sich auch als Vizepräsidentin für das Kreisgericht eignen würde. Drei Tage vor der Wahl kam der Präsident zu mir nach Hause, setzte sich an den Küchentisch und eröffnete mir, dass die Partei entschieden habe, dass ich antreten solle.

Sie haben zugestimmt, obschon die Wahl nur gerade zwei Monate nach der Geburt Ihrer kranken Tochter stattfand.
Dementsprechend gross waren meine Zweifel, ob ich mich stellen sollte. Aber es war zunächst eine Teilzeit-Tätigkeit in bescheidenem, überschaubarem Rahmen. Ich wurde also von einem Tag auf den anderen Kreisrichterin, zwei Jahre später Vize-Kreispräsidentin und 1991 Kreispräsidentin. Das Richterdasein hat mir sehr gefallen: Ich konnte mich frei organisieren, die Tätigkeit war vielseitig. Ich hatte mein Büro in Trin, wo meine Grosseltern früher gewohnt hatten und ich als Kind viel Zeit verbracht hatte. Plötzlich kam ich wieder mit alten Bekannten zusammen, denen ich als Mädchen begegnet war. Sie kamen mit allen möglichen Geschäften zu mir, die zum Teil gar nichts mit meiner Funktion zu tun hatten.

Warum schlugen Sie keine Richterkarriere ein?
Eigentlich hatte ich das vor. Mich hätte das Kantonsgericht interessiert. Ich sass 1993 in der Geschäftsleitung der SVP Graubünden und teilte der Partei mit, dass ich mich gerne zur

Wahl stellen würde. Die Parteileitung wollte das nicht, man hatte mich für die Politik «vorgesehen».

Sie haben sich untergeordnet und nicht kandidiert.
Ohne die Partei im Rücken wäre das nicht möglich gewesen. 1994 wurde ich in den Grossen Rat gewählt. Schon im ersten Jahr durfte ich ein Kommissionspräsidium übernehmen. Von da an hat mich die Politik gepackt.

Sie waren Kreispräsidentin, Grossrätin und dreifache Mutter. Wie brachten Sie diese drei verschiedenen Tätigkeiten miteinander in Einklang?
Sie liessen sich gut vereinbaren. Geografisch musste ich mich nur wenig bewegen, die Ausübung meines Richteramts konnte ich selbst organisieren, und meine Familie hat mich sehr unterstützt.

Sie waren die erste Kreispräsidentin, die erste Notarin und die erste Regierungsrätin des Kantons Graubünden. Haben Sie sich als Frau eine Taktik zurechtgelegt?
Nein, das widerspricht meinem Naturell. Ich kann keine Rolle spielen. Ich bemühe mich, mit allen anständig zu sein, normal aufzutreten und meine Arbeit gut zu machen.

Als Vorsteherin des Finanz- und Militärdepartements waren Sie auch für das Gleichstellungsbüro zuständig. Welche Schwerpunkte setzten Sie?
Ich habe «ausgebadet», was ich mir selbst eingebrockt hatte: Die damalige CSP-Grossrätin Rita Schlatter hatte einen Vorstoss eingereicht mit der Forderung, Teilzeitstellen in der kan-

tonalen Verwaltung zu ermöglichen beziehungsweise zu fördern. Ich war damals noch im Grossen Rat und vertrat das Postulat als Zweitunterzeichnerin im Parlament. Der damalige Finanzdepartementsvorsteher war nicht gerade begeistert, dass der Vorstoss durchging. Als ich das Departement dann übernahm, setzte ich ihn um.

Mit welchem Erfolg?

Wir haben ein austariertes Arbeitszeitsystem mit einer Vielzahl verschiedener Arbeitszeitmenüs eingeführt. Das war nicht einfach. Aber der damalige Chef des Personal- und Organisationsamts war überzeugt davon und hat mich sehr unterstützt. Zudem berücksichtigten wir bei einer Neueinstellung die Familienerfahrung in der Festlegung der Lohnstufen. So konnten wir der erworbenen Sozialkompetenz Rechnung tragen. Schliesslich haben wir die Freiwilligenarbeit ebenfalls angerechnet.

«Mich bedrückt, dass es wieder mehr junge Frauen gibt, die das alte Rollenmuster selbstverständlich akzeptieren.»

Sie hatten keine einzige Frau in einer Kaderposition.

Stimmt, das war nicht hinzukriegen, obwohl wir verschiedene Massnahmen ergriffen haben. Bei der Neubesetzung der Leitung der Sozialversicherungsanstalt beispielsweise wandten wir uns ausdrücklich auch an Frauen. Von einem Dutzend eingegangener Bewerbungen stammte eine einzige von einer Frau, die aber nicht alle Anforderungen erfüllte. Das frustrierte mich unglaublich. Ich habe immer wieder versucht, Frauen für Spitzenpositionen zu gewinnen. Wir schrieben Kaderstellen auch in Teilzeit aus. Aber es blieb bei Versuchen.

Warum lassen sich nicht genügend Frauen für Kaderfunktionen finden?
Auf keinen Fall darf man ausschliesslich die Männer dafür verantwortlich machen. Ich arbeitete mit sehr vielen Männern zusammen, denen dieses Anliegen mindestens ebenso wichtig war wie mir. Abgesehen davon, dass die Qualifikationen stimmen müssen, gewichten Frauen in ihrem Leben oft anders als Männer. Im gebärfähigen Alter wollen sie zwar arbeiten, aber nicht so stark in der Verantwortung stehen, dass kaum mehr Zeit für die Kinder bleibt. Was mich etwas bedrückt, ist die Beobachtung, dass immer mehr junge Männer das traditionelle Rollenbild vehement verteidigen. Und vor allem auch, dass es wieder mehr junge Frauen gibt, die das alte Rollenmuster wie selbstverständlich akzeptieren.

Worauf führen Sie diese Entwicklung zurück?
Ich bin keine Soziologin, aber ich glaube, dass sich gewisse Männer bedrängt fühlen durch die jungen, qualifizierten Frauen. Ich diskutiere oft mit jungen Leuten von Fachhochschulen. Sie interessieren sich nur zum Teil für die Entwicklungen, welche die Gesellschaft und insbesondere die Frauen in dieser Gesellschaft durchgemacht haben. Oft ziehen sie sich in ihren Individualismus zurück.

Heute sind Frauen mindestens so gut qualifiziert wie Männer, und auch die Rahmenbedingungen für die externe Familienbetreuung haben sich stark verbessert.
Frauen werden ab und zu ausgebremst. Wir müssen uns überlegen, wie wir dem begegnen.

Vielleicht halt doch mit der Quote?
Bis vor zwei Jahren leuchteten bei mir alle Alarmlichter, wenn über die Einführung einer Quote diskutiert wurde, weil wir Frauen uns dadurch selbst diskriminieren würden. Mittlerweile bin ich nicht mehr so strikt dagegen. Es ist unbedingt nötig, dass wir gerade in der Wirtschaft mehr Frauen in Kaderfunktionen bringen. Frauen verfügen oft über ein anderes Risikobewusstsein, gewichten aus einer anderen Optik, aus einer anderen Lebenserfahrung heraus.

Haben Sie sich ganz bewusst für eine Frau als Chefin der Finanzmarktaufsicht (Finma) entschieden?
Ich habe sie vorgeschlagen, weil ich von ihrer Qualifikation überzeugt bin. Ich hatte mit ihr sehr gute Gespräche. Sie ist eine sehr gute, pragmatische Juristin und Finanzspezialistin und bringt ihre Lebenserfahrungen in ihr Amt ein. Sie nimmt aus dieser Erfahrung ihre Abwägungen im Einzelfall vor. Diese Optik tut der Finma gut.

Als Frau ist man besonders interessiert, Frauen in Spitzenpositionen zu holen. Diese Betonung des Geschlechts kann auch gefährlich sein. Von Ihrer ersten Generalsekretärin haben Sie sich schnell wieder getrennt.
Bekanntlich kam ich sehr überraschend nach Bern. Frau Bietenhard kannte ich von ihrer früheren Tätigkeit als «Persönliche Mitarbeiterin» des damaligen Vorstehers des Verteidigungsdepartements, Adolf Ogi, gut. Adolf Ogi hat sie für diese Position empfohlen. Eine gute «Persönliche Mitarbeiterin» ist aber nicht zwingend auch als Generalsekretärin am richtigen Ort. Das sind zwei ganz verschiedene Funktionen,

und das habe ich zu wenig bedacht. Sonja Bietenhard ist eine Frau, die mir sozial nahesteht. Wir haben nach wie vor ein gutes Verhältnis und sehen uns ab und zu.

Sie geraten wegen Ihres Personalverschleisses immer wieder unter Beschuss.
In Personalfragen werden bei Männern und Frauen offensichtlich immer wieder unterschiedliche Massstäbe angesetzt. Rein statistisch könnte ich nachweisen, dass andere Departementsvorsteher eine grössere Personalfluktuation haben als ich. Aber während es bei den Männern heisst, sie würden durchgreifen und sich mit der geeigneten Entourage umgeben, sagt man bei Frauen gern, wir könnten nicht mit starken Leuten zusammenarbeiten. Diese unterschiedliche Wertung hat mich schon als Regierungsrätin immer wieder überrascht.

Schon damals haben Sie sich schnell von Kaderleuten getrennt.
Weil ich feststellte, dass in gewissen Abteilungen eine schlechte Stimmung herrschte und es dadurch zu einer viel zu hohen Personalfluktuation kam. Ich habe mich deshalb von zwei Chefs getrennt. Von da an stimmte das Arbeitsumfeld, und die Mitarbeitenden arbeiteten sehr engagiert. Für den Wechsel bedankten sie sich in zahlreichen Mails. Aber ich habe mich damit abgefunden, dass man mir diesen Vorwurf des Personalverschleisses immer machen wird, auch wenn er sachlich nicht gerechtfertigt ist.

Sie gelten als sachorientiert, dossierfest, nüchtern. Attribute, die man vor allem Männern zuschreibt.

Ja, für Männer und Frauen gelten eben nicht immer die gleichen Spielregeln. Wenn ich ab und zu in Tränen ausbrechen würde, wenn ich mir hätte anmerken lassen, wie sehr mich die Situation nach meiner Wahl in den Bundesrat belastete, hätte ich vielleicht einen Mitleidsbonus bekommen. Das wollte ich unter keinen Umständen, weil das nicht zu mir passt. Ich nehme für mich in Anspruch, eine schnelle Auffassungsgabe zu haben und meine Dossiers gut zu kennen. Einem Mann wird das positiv ausgelegt, ich hingegen gelte als Streberin, Technokratin, Musterschülerin. Damit muss ich leben.

Aber spurlos gehen diese negativen Wertungen nicht an Ihnen vorbei?

Nein. Mit sachlicher Kritik, auch wenn sie ungerechtfertigt sein mag, kann ich umgehen. Aber wenn ich über meinen Charakter qualifiziert werde, wenn man mich persönlich attackiert, ohne mich näher zu kennen, setzt mir das zu. Auch wenn ich realisiere, dass ich gegen solch perfides Verhalten machtlos bin.

«Schnelle Auffassung und Dossierkenntnis wird einem Mann positiv ausgelegt. Ich aber gelte als Streberin und Technokratin.»

Wo finden Sie den Ausgleich? Beim Sport?

Ich mache tatsächlich Krafttraining. Vor allem aber gehe ich gerne an die frische Luft. Ich spaziere der Aare entlang, und wenn wir Zeit finden, steigen mein Mann und ich auf einen Berg oder zumindest auf einen Hügel. Ich brauche viel Platz, ich habe schnell das Gefühl, erdrückt zu werden.

Gegenwärtig sitzen vier Frauen im Bundesrat. Gerade beim Entscheid über den Atomausstieg wurde gesagt, er sei wegen der an-

deren Haltung der Frauen in Umweltanliegen zustande gekommen. Ist die Dynamik mit einer Frauenmehrheit im Bundesrat anders als mit einer Männermehrheit?
Grundsätzlich glaube ich, dass die Geschlechterfrage bei der Behandlung der Geschäfte keine Rolle spielt. Ich bin seit Jahren der Meinung, dass wir aus der Kernenergie aussteigen müssen. Weder Frauen noch Männer haben mich also in meiner Haltung beeinflusst. Entscheidend sind die Lebensmuster und die Lebenserfahrungen jeder und jedes Einzelnen, unabhängig vom Geschlecht.

Hat sich in der Diskussionskultur etwas geändert seit der Frauenmehrheit in der Landesregierung?
Nein. Entscheidend sind die Charaktere der Mitglieder. Die Zusammensetzung des Bundesrats 2010/11 ist sehr gut. Wir können sehr dezidiert unsere Meinung vertreten und auch streiten, ohne dass schlechte Gefühle zurückbleiben. Das war nicht immer so.

Die erste Bundesrätin, Elisabeth Kopp, erinnert sich, dass mit nur einer Frau im Bundesrat die Gespräche in den Pausen sehr «männerlastig» waren. Man habe beispielsweise sehr oft über Fussball gesprochen.
Auch mit vier Frauen im Bundesrat wird über Fussball gesprochen! Wir reden über Fussball, Hockey, über Gott und die Welt, ab und zu auch über Kinder. Wobei sich die Männer da ebenfalls sehr aktiv beteiligen. Eigentlich reden wir über alles. Es gibt keine Männer- und Frauenthemen mehr, mit Ausnahme vielleicht des Militärs. Das ist tatsächlich männerspezifisch. Früher scheuten sich die Männer vielleicht, gewisse

Themen anzuschneiden. Das hat sich mit den gesellschaftlichen Entwicklungen geändert. Heute sind die Gespräche sehr natürlich, das Themenspektrum ist äusserst breit, und alle beteiligen sich an den Diskussionen. Auch während der Pausen.

Haben Sie zu einzelnen Mitgliedern der Regierung ein besonderes Verhältnis?
Nein. Ich verstehe mich mit allen sehr gut. Vielleicht habe ich mich mit Aussenministerin Micheline Calmy-Rey hin und wieder etwas eingehender über unsere Kinder ausgetauscht, auch über Grosskinder, da meine Tochter im Herbst ihr erstes Kind geboren hat. Wir waren die beiden Bundesrätinnen, die Kinder haben, das verbindet. Wir haben nach einem ähnlichen Muster gelebt, und darüber reden wir.

Dabei ist sie ein total anderer Typ als Sie.
Allerdings. Aber sie ist jemand, der einen in schwierigen Situationen vorbehaltlos unterstützen kann. Wir haben unterschiedliche Haltungen, aber in äusserst schwierigen Situationen, die wir beide schon durchgemacht haben, können wir uns ganz aufeinander verlassen.

Gespräch über das Verhältnis zu Geld, die UBS-Affäre und das Bankgeheimnis

«In fünf Jahren soll die Schweiz nicht mehr mit Steuerhinterziehung in Verbindung gebracht werden.»

Frau Widmer-Schlumpf, was reizt Sie eigentlich so an den Finanzen?
Zahlen haben mich immer fasziniert. Schon während meiner Kantonsschulzeit stellte ich fest, dass ich der mathematische Typ bin. Im Jus-Studium hat dieses Interesse abgenommen. Steuerrecht beispielsweise habe ich nur gelernt, um das Lizenziat zu bestehen. Kaum hatte ich die Uni abgeschlossen, sagte ich zu meinem Mann, ich wolle nie mehr eine Steuererklärung ausfüllen und es könne ja auch nicht schaden, wenn ein Bauingenieur wisse, wie das gemacht wird.

Warum haben Sie nach Ihrer Wahl in die Bündner Regierung das Finanzdepartement übernommen?
Da ich die meisten Stimmen bekommen hatte und drei Departemente offen waren, konnte ich wählen. Ich entschied mich für die Finanzen, aus der Überzeugung, dass ich als Finanzchefin in alle Departemente hineinsehe. Das war mir wegen meiner früheren Tätigkeiten wichtig. Ich war in so vielen Bereichen tätig gewesen, dass ich mir diese Vielfältigkeit bewahren wollte. Über meine Departementswahl waren einige

überrascht, nicht aber diejenigen, die mich kannten. Als Grossrätin hatte ich von meiner Fraktion verschiedentlich die Möglichkeit bekommen, Kommissionen des Grossen Rates zu präsidieren, die sich mit Wirtschafts- und Finanzfragen auseinandersetzten.

Was sagen Ihnen Zahlen?

Zahlen erzählen in ganz kurzer Form die spannendsten Geschichten. Wenn Sie in einem Budget zwei Zahlenreihen übereinander zum gesellschaftlichen Bereich betrachten, dann wissen Sie sofort, was dort gelaufen ist, was unterstützt, gefördert wurde oder wo etwas im Argen liegt. Man braucht keinen Fliesstext. Zahlen sind selbsterklärend. Als Finanzdirektorin war es von Anfang an mein Ziel, genügend Reserven zu haben, um vernünftig investieren zu können. Investitionen, die man nicht macht, sind Schulden von morgen. Ich war eine Zwecksparerin, um sinnvoll, gut, langfristig und nachhaltig zu investieren.

«Ich war eine Zwecksparerin – um sinnvoll, gut und nachhaltig zu investieren.»

Als Bündner Finanzdirektorin versuchten Sie, ein rigoroses Sparpaket zu verhindern, indem Sie die Steuern um zehn Prozent erhöhen wollten.

Wir haben zunächst vorgeschlagen, sowohl auf der Ausgaben- als auch auf der Einnahmenseite anzusetzen, um den Staatshaushalt in den Griff zu bekommen. Der Grosse Rat hat sich dann aber dafür ausgesprochen, den ganzen Betrag auf der Ausgabenseite einzusparen. Das ist uns dann auch gelungen.

Der oder die Finanzverantwortliche ist meistens das unbeliebteste Regierungsmitglied.

Man ist nicht Politiker oder Politikerin, allein um beliebt zu sein. Nicht in einem Exekutivamt. Aber wir haben in der Bündner Regierung alle sehr gut zusammengearbeitet und die eingeschlagene Politik konsequent verfolgt, auch wenn Wahlen anstanden. Wir sind als erste kantonale Regierung geschlossen in den Wahlkampf eingestiegen. Aber es stimmt: Ich war als Finanzdirektorin nicht immer beliebt. Die 17 Sparvorlagen sind allerdings alle mit einer Mehrheit von über 75 Prozent angenommen worden. Ich musste zuvor zwar einiges einstecken. Dafür war es nachher umso schöner, weil wir wieder investieren konnten, während diesbezüglich in anderen Kantonen und auch beim Bund eine sehr zurückhaltende Stimmung herrschte.

Es ist bedeutend einfacher, die kantonale Bevölkerung von einer Sparvorlage zu überzeugen als ein eidgenössisches Parlament.

Stimmt, und damit habe ich gelegentlich auch Mühe. Ich bin eine ausgeprägte Sachpolitikerin und kann mit Taktiererei nicht viel anfangen. Auch wenn ich weiss, dass die Parteipolitik gerade in einem Wahljahr eine enorm grosse Rolle spielt: Taktische Entscheide sind für mich intellektuell oft nicht nachvollziehbar. Auch mit Lobbying habe ich meine Probleme. Es ist kein Nachteil, wenn man auch in der Politik glaubwürdig bleibt. Aber in einem Wahljahr ist das wohl noch schwieriger als sonst.

Was man beispielsweise bei der Ablehnung der 11. AHV-Revision durch die SP und die SVP gespürt hat. Sechs Jahre Vorarbeit waren für die Katz.
Die SP war immer gegen die Vorlage, das kann ich akzeptieren. Die Partei blieb konsequent bei ihrer Haltung, davor habe ich sogar Respekt. Aber die SVP war ja eigentlich dafür, hat dann aber abgelehnt, weil sie verhindern wollte, dass die SP im Wahljahr mit dem Referendum einen Lokomotiveffekt hatte. Das ist eben Taktiererei, die ich nicht nachvollziehen kann.

Warum brachten Sie Vorlagen wie die «Too big to fail»-Vorlage ausgerechnet im Wahljahr ins Parlament?
Weil ich eine Regelung als sehr wichtig erachte. Die Parlamentsmitglieder sollen auch der Wählerschaft gegenüber sagen, wo sie stehen. Die Vorlage sollte vom «alten» Parlament behandelt werden, das die Geschichte mit der UBS durchgemacht hat. Ich schaue nicht nach links und nicht nach rechts.

Bereits das zweite Jahr in Folge war das Finanzergebnis des Bundes 2010 besser als erwartet. Sie wollen nun genauere Prognosen. Wie bewerkstelligen Sie das?
Indem wir versuchen, noch mehr und noch verlässlichere Indikatoren anzuwenden. Natürlich kann man bei einem Budget von 63 Milliarden keine Punktlandung erwarten. Aber eine Abweichung von 5 Milliarden auf der Einnahmeseite ist eindeutig zu gross. Es braucht allerdings Mut, genauer zu budgetieren.

Wenn man vorsichtig budgetiert, kann das Ergebnis besser sein als erwartet. Das ist doch angenehm und hat wenig mit Mut zu tun?
Wenn man von Anfang an mit einem Minusbudget rechnet, kommt niemand auf die Idee, über notwendige Investitionen zu sprechen. Das ist der einfachere Weg, weil man keine Prioritäten setzen muss. Aber dieses Ausweichen macht die Politik langweilig. Viel spannender ist es, seitens der Regierung aufzuzeigen, wo Investitionsbedarf besteht, und dann dafür zu kämpfen.

Verrechnet hat sich der Bund bei der Unternehmenssteuerreform II und bei der Einschätzung, welche Einnahmen durch die Mehrwertsteuer erzielt werden können.
Bei der Mehrwertsteuer wurde eine Nachbesserung im Jahre 2010 nötig, was Mindereinnahmen zur Folge hatte. Man hat dies allerdings in einer Ergänzungsbotschaft klargestellt. Bei der Unternehmenssteuerreform II liegt die Sache etwas anders. Genaue Zahlen waren nicht vorauszusagen. Die Ausfälle, die man heute beziffern kann, rühren daher, dass zwischen der Abstimmung und dem Inkrafttreten der Unternehmenssteuerreform II bereits verschiedene Firmen ihre Dispositionen getroffen haben. Daraus resultierten zwei Drittel der heute bekannten Mindereinnahmen. Das restliche Drittel hätte man von der Tendenz vorher kennen können. Man hat darauf verzichtet, weil man meinte, nicht ganz genaue Zahlenangaben seien schädlicher als gar keine. Ich habe da eine andere Auffassung. Meines Erachtens sollte man die Rechnungsparameter festlegen, sodass man zeigen kann, welche Folgen bei dieser Berechnung eintreten könnten. Später, wenn die Eckwerte bekannt sind, sieht man, wie sich die Zah-

len verändern. Bei der «Too big to fail»-Vorlage haben wir dieses Vorgehen gewählt.

Das Misstrauen des Parlaments bei zukünftigen Steuervorlagen wird gross sein.
Ganz so unschuldig ist das Parlament nicht. Es hätte den Finger auf den wunden Punkt legen können. Aber auf jeden Fall sehr unglücklich war, dass man im Abstimmungsbüchlein davon sprach, dass die Unternehmenssteuerreform II sogar zu Mehreinnahmen in Millionenhöhe führen könnte.

Gehen Frauen besser mit Geld um?
Möglicherweise. Oft verwalten sie ja auch das Haushaltsgeld. Zumindest heute. Es hat mich als Mädchen erstaunt, dass meine Grossmutter bei ihrem Mann das Geld für den Einkauf abholen musste. Als mein Grossvater starb, kam meine Grossmutter zu mir und fragte mich, ob ich ihr einen Einzahlungsschein ausfüllen könnte. Das habe ich zwar gerne gemacht, ich hatte mein Nani sehr gern, es hat mich aber überrascht.

Wer hat bei Ihnen zu Hause die Finanzhoheit?
Wir haben uns nie nach der Rollenverteilung gefragt, sondern gemacht, was wir für richtig und wichtig hielten. Als unsere drei Kinder noch klein waren, ergab es sich von allein, dass ich die Woche über für Haushalt und Kinder verantwortlich war. Ich arbeitete damals ja Teilzeit. Den Grosseinkauf am Samstag hat aber immer mein Mann gemacht. Ich habe mit dem Haushaltsgeld

«Am liebsten würde ich noch heute die Einzahlungen am Postschalter tätigen.»

gewirtschaftet, und mein Mann wusste, dass ich die Bankauszüge im Griff hatte. Er bezahlte die Steuern und die Rechnungen, weil ich mich mit dem Internetbanking nicht anfreunden konnte. Am liebsten würde ich noch heute auf die Post gehen und die Einzahlungen am Schalter tätigen. Wir hatten auch ein gemeinsames Konto, das machte die Sache viel einfacher.

Für welchen Güterstand haben Sie sich entschieden?
Für die Errungenschaftsbeteiligung. Ich finde es richtig, dass das, was wir während der Ehe gemeinsam erwirtschaften, geteilt wird, die Anwartschaft aber nach der Gütertrennung erfolgt. Meine Eltern hängen sehr an unseren Kindern, und deshalb ist es auch richtig, dass alles, was von dieser Seite kommt, an sie geht. Das ist auch für meinen Mann ganz normal. Vor der Hochzeit habe ich mit meinem Mann einen Ehe- und Erbvertrag abgeschlossen. Hätten wir das nach der Heirat getan, hätten wir noch die Zustimmung der Vormundschaftsbehörde gebraucht: Denn wir hatten ja geheiratet, bevor das neue Eherecht 1988 in Kraft trat. Als Anwältin auf die Vormundschaftsbehörde zu gehen und um den Abschluss eines Ehevertrags zu bitten, das kam für mich aber nicht infrage. Als mein Vater von diesem von mir aufgesetzten Ehe- und Erbvertrag erfuhr, war er überrascht. Ich könne meinem zukünftigen Ehemann doch keinen solchen Vertrag unter die Nase halten! Mein Vater hat immer zu meinem Mann gehalten, das macht er auch heute noch. Was ich verstehe. Er verdient es, dass ihn meine Eltern so gern haben.

Welches ist die grösste Herausforderung der Finanzdepartementschefin?
Mit dem Ausland Lösungen zu finden, die man innenpolitisch versteht. Oder anders ausgedrückt: gegen aussen nach Lösungen zu suchen, die uns nicht an die Wand drängen, und gleichzeitig innenpolitische Wege zu finden, welche die Bevölkerung überzeugen. Das betrifft beispielsweise die Abgeltungssteuer, aber auch die Unternehmensbesteuerung und dann natürlich die unterschiedliche Behandlung der Steuerhinterziehung im In- und Ausland. Gegenüber dem Ausland ist die Unterscheidung zwischen Steuerbetrug und Steuerhinterziehung ja aufgehoben, nicht aber gegen innen. Dafür haben die kantonalen Steuerverwaltungen zu Recht keinerlei Verständnis. Warum sollen die Steuerverwaltungen die Unterlagen, die sie beschaffen, um Amtshilfe erteilen zu können, nicht auch intern gebrauchen? Für diesen Widerspruch müssen wir eine Lösung finden. Deshalb habe ich den Antrag gestellt, dass die Daten, die für die ausländischen Behörden ermittelt werden, auch «inhouse» verwendet werden dürfen.

Der Bundesrat hat Sie überstimmt. Um dem Druck der OECD zu weichen, werden ausländische Steuerbehörden in Zukunft mehr Informationen erhalten als einheimische.
Der Bundesrat hat als Kollegialbehörde so entschieden. Nach wie vor verstehe ich nicht, dass schwere Formen der Steuerhinterziehung im Inland nur Verwaltungs- und keine Strafvergehen sein sollen. Für die Betroffenen ist nur die Art der Sanktion entscheidend.

Inwiefern?
Jemand, der fünf bis zehn Jahre Steuern hinterzieht und dafür eine Geldstrafe kassiert, kann damit leben. Er hat in der Regel ja genug auf die Seite gelegt. Was ihn tatsächlich schmerzt, ist der Strafregistereintrag. Das ist wie bei den Jägern, für die ich als Kreispräsidentin einmal verantwortlich war: Wenn ein Jäger vorsätzlich einen unerlaubten Abschuss tätigt, wird ihm für ein paar Jahre das Patent entzogen. Das musste ich in Einzelfällen tun. Die Betroffenen kamen zu mir und sagten, dass ich das doch nicht tun könne. Man möge sie mit einer hohen Geldbusse bestrafen, aber das Patent entziehen, das gehe nicht.

Gegen aussen konnten wir das Steuergeheimnis nicht verteidigen. Gegen innen hingegen schon.
Das stimmt nur beschränkt. Im Übrigen müssen wir zuerst definieren, wovon wir überhaupt sprechen. Als ich 2009 in den USA gesagt habe, bei grober Steuerhinterziehung müsse man Amtshilfe leisten beziehungsweise müsse es gleich laufen wie bei Steuerbetrug, bin ich dafür stark kritisiert worden. Mittlerweile ist diese Ansicht salonfähig. Im Inland müssen wir auch so weit kommen.

Vorgeworfen hat man Ihnen, dass Sie mit der «groben Steuerhinterziehung» einen nicht existierenden Terminus erfanden.
Das war mir schon bewusst. Aber ich wollte damit endlich einmal klarstellen, dass nicht jede Form von Steuerhinterziehung ein Kavaliersdelikt ist. Von der Qualität eines Straftatbestandes aus betrachtet ist eine Steuerhinterziehung, die absichtlich über längere Zeit mit grösseren Beträ-

gen begangen worden ist, nicht anders zu gewichten als Steuerbetrug.

Das hätten Sie als Mitglied der Landesregierung selbst in der Hand gehabt.

Zugunsten des Bundesrats darf man sagen, dass er schon in den 1970er-Jahren die Botschaft zum Gesetz über die internationale Rechtshilfe in Strafsachen vorgelegt und darin die Gleichbehandlung von Steuerhinterziehung und Steuerbetrug unter bestimmten Voraussetzungen zur Diskussion gestellt hat. Das Parlament wollte das aber nicht.

Als sich die Situation verschärfte, hätte man einen neuen Anlauf nehmen können.

Das tat man auch. Die Finanzdirektorenkonferenz hat schon vor einigen Jahren gesagt, dass das Thema nun angegangen werden müsse. Wir wurden in Wirtschaftskreisen sofort als links abgestempelt. Diese Diskussion wollte man nicht führen.

Sie befürworten die Lockerung des Bankgeheimnisses.

Gesuche ausländischer Staaten an die Schweiz um Amtshilfe in Steuersachen müssen nach dem neuen Doppelbesteuerungsabkommen nicht mehr zwingend die Namen der Verdächtigen und deren Banken enthalten. Mit verschiedenen Staaten diskutieren wir zudem über die Regularisierung der Vergangenheit und eine Abgeltungssteuer. Für unseren Bankenplatz mit seinem hohen Renommee kann eine solche Weissgeldstrategie nur positiv sein. Wir sind ein Land mit einer zuverlässigen, berechenbaren Politik, mit stabilen Verhältnissen und einem stabilen Bankenplatz. Das ist für die Anleger entscheidend, und das merken wir heute schon. Obwohl wir über eine Abgeltungssteuer verhandeln, haben wir einen Zuwachs an Geldern aus Deutschland.

Die Schweiz wird durch die Weissgeldstrategie Steuereinnahmen verlieren.

Von den Milliarden nicht versteuerter Gelder wird möglicherweise ein Teil verschwinden. Aber ich wehre mich gegen diese kurzfristige Optik. In einem Jahr kann ich mir damit zwar eine goldene Nase verdienen, aber nicht darüber hinaus. In fünf Jahren soll die Schweiz nicht mehr mit Steuerhinterziehung in Verbindung gebracht werden. Und in zehn Jahren soll allen klar sein, dass man das Geld in der Schweiz anlegen kann, dass es ordentlich versteuert wird und dass die sichere Anlage garantiert ist. Auch mit einer Weissgeldstrategie werden wir bessere Konditionen anbieten können als andere Länder.

Wie wollen Sie denn sicherstellen, dass wir in fünf bis zehn Jahren so unbefleckt dastehen?

Ich bin Optimistin. Man muss immer wieder darüber reden und immer wieder darlegen, worum es geht. Das Bankkundengeheimnis ist im Grunde genommen für die Bevölkerung ein sehr nebulöser Begriff mit einem unglaublichen Nimbus. Wenn ich an Veranstaltungen darüber rede, sind fast alle damit einverstanden, dass Steuerbetrug und schwere Steuerhinterziehung geahndet werden müssen. Es geht nicht darum, dass man vergisst, das

> *«Bei der Steuerhinterziehung geht es nicht darum, dass jemand vergisst, das Sparbüchlein anzugeben.»*

Sparbüchlein anzugeben. Massgebend ist die deliktische Absicht. Wenn das klargemacht werden kann, erscheint das Bankkundengeheimnis in einer ganz anderen Dimension. Glücklicherweise ist diese Diskussion heute salonfähig geworden, und man wird nicht gleich als links bezeichnet, wenn man die Unterscheidung von Steuerbetrug und Steuerhinterziehung infrage stellt.

Durch das Verhalten der Grossbanken ist die schweizerische Rechtssicherheit infrage gestellt worden. Das hat insbesondere ausländische Anleger verunsichert.
Wir wollen, dass künftig in der Schweiz kein hinterzogenes, nicht versteuertes Geld mehr angelegt wird. Im UBS-Fall haben die betreffenden Kunden gewusst oder hätten zumindest wissen müssen, dass sie etwas tun, das nicht mehr im «weichen Bereich» liegt. Sie haben gröbste Verstösse mit betrügerischer Absicht unter Hilfeleistung einzelner Bankangestellter begangen.

Was CS-Banker nicht daran hinderte, sich gleich zu verhalten.
Die Fälle sind bezüglich Ausmass und Vorgehen nicht vergleichbar. Aber es ist schon ärgerlich, dass ganz offensichtlich frühere UBS-Mitarbeiter mitsamt ihren Kunden zu anderen Banken wechselten, um dort das gleiche Geschäft weiterzutreiben.

Es wird nicht zu verhindern sein, dass die USA auch Gruppenanfragen stellen dürfen und die Schweiz nicht nur im Einzelfall Amtshilfe leistet.

Schon das alte Doppelbesteuerungsabkommen sah die Möglichkeit vor, dass die USA gestützt beispielsweise auf Verhaltensmuster Gesuche für ganze Gruppen von Kunden stellen. Es ist deshalb nicht aussergewöhnlich, dass man beim Abschluss eines neuen Abkommens, mit dem die Amtshilfe ja geöffnet wird, diese Türe nicht wieder verschliesst.

Sie mussten als damalige Stellvertreterin von heute auf morgen das Finanzdepartement des erkrankten Hans-Rudolf Merz übernehmen. Wurden Sie überrascht?
Überrascht war ich vor allem über die Dimension der Schwierigkeiten. Und dass man nicht früher versucht hat, Gegensteuer zu geben. Warum das nicht getan wurde, weiss ich nicht, und es hat auch keinen Wert, es rausfinden zu wollen. Vergangenheitsbewältigung hilft da nicht weiter. Das entspricht nicht meinem Naturell. Herr Merz hat mich aus Vertraulichkeitsgründen nicht informiert, aber eine Stellvertreterin sollte eigentlich wissen, was los ist. Im Übrigen wissen alle, die mich kennen, dass man mich auswringen kann, ohne dass etwas rausgeht. Ich bin Anwältin und Notarin, und das bin ich in meinem tiefsten Innern. Ich erzähle solche Dinge niemandem, der es nicht wissen darf oder soll. Von der Nationalbank, in deren Bankrat ich bis zu meiner Wahl in die Landesregierung Ende 2007 sass, wusste ich, wie die Entwicklung in den USA ist. Ich habe sie verfolgt, wusste deshalb von der Immobilienblase und den Schwierigkeiten der Amerikaner.

Als Stellvertreterin von Finanzminister Hans-Rudolf Merz wären Sie verpflichtet gewesen, nachzubohren.

Das habe ich auch. Nicht, um jemanden blosszustellen, sondern aus reinem Interesse an der Geldmarktpolitik. Aber ich erfuhr nicht viel mehr als aus der Lektüre des Nationalbankberichts.

Was taten Sie als Erstes, als Sie vom plötzlichen Zusammenbruch Ihres damaligen Bundesratskollegen Merz erfuhren?
An besagtem Sonntag im September 2008 wurde ich um elf Uhr von meiner Generalsekretärin informiert. Ich bin am Nachmittag mit dem damaligen Vorsteher der Finanzverwaltung, Peter Siegenthaler, sowie Vertretern der Finanzmarktaufsicht (Finma) und der Schweizerischen Nationalbank zusammengekommen und liess mich ins Bild setzen. Peter Siegenthaler konnte viele Unterlagen der letzten Monate vom Status quo der Finanzmärkte vorlegen, und die Finma präsentierte Dokumente, die den Geldabfluss der letzten Monate nachwiesen. Diese Unterlagen zeigten, dass die Bank in kürzester Zeit illiquid sein würde, sollte dieser Geldabfluss anhalten. Wir begannen mit der Konzeptplanung. Bis in die erste Oktoberwoche meinten wir noch, es könnte möglicherweise ohne Staatsgarantie gehen. Erst vier Tage vor der Bekanntgabe am 16. Oktober 2008, dass Nationalbank und Bund 68 Milliarden Franken bereitstellten, hat mich der damalige UBS-Konzernchef Peter Kurer angerufen und gesagt, nun ginge es nicht mehr ohne.

Welche Konsequenzen haben Sie aus dieser Misere gezogen?
Wir haben ein funktionierendes Frühwarnsystem eingeführt. Wir haben die Zusammenarbeit zwischen Finanzdepartement, Nationalbank und Finanzmarktaufsicht institutionali-

siert, nicht nur für Krisenzeiten. So kann man viel früher reagieren. In diesem Umfeld habe ich die Aufgabe, die finanzpolitische Sicht einzubringen, die Nationalbank jene der Währungspolitik und die Finma die aufsichtsrechtliche. Wichtig ist dabei, dass alle ihre Unabhängigkeit bewahren, dafür setze ich mich auch ein. Die Politik darf der Nationalbank, die für die Währungsstabilität verantwortlich ist, nicht dreinreden und ebenso wenig der Aufsicht in ihren Kompetenzbereich.

Im Zusammenhang mit der EU wird immer wieder betont, dass sie von der Schweiz den automatischen Informationsaustausch verlangt. Wurde dieser von Brüssel tatsächlich je so klar und deutlich gefordert?
Ja, verschiedentlich. Bei der Zinsbesteuerung, im Rahmen der Diskussion um den Code of Conduct, bei der Holdingbesteuerung. Wir bevorzugen im Steuerbereich die Gesellschaften mit einer Geschäftstätigkeit im Ausland gegenüber den inländischen. Das wird seitens der EU nicht anerkannt.

Wären die Finanzdienstleister bereit, den automatischen Informationsaustausch zu gewähren, wenn sie dafür die Dienstleistungsfreiheit bekämen?
Die Finanzdienstleister als solche gibt es nicht. Es gibt verschiedene Gruppen mit verschiedenen Interessen. Die Mehrheit der Finanzdienstleister würde den automatischen Informationsaustausch als zu weitgehend ablehnen.

Hätte das Schweizer Volk in der Abstimmung im Jahre 1992 dem EWR zugestimmt, hätten wir uns viel Unbill ersparen können.

Allerdings! Deshalb habe ich mich für den EWR eingesetzt. Wir hätten viele Handlungsoptionen sowie die Souveränität behalten. Aber es ist, wie es ist. Es macht keinen Sinn, rückwärts zu schauen.

Gegen den gläsernen Menschen wehrt man sich nur noch, wenn es um wirtschaftliche Interessen geht. Ansonsten spielt die Privatsphäre im Zeitalter von Facebook nur noch eine kleine Rolle.
Stimmt, wir haben ein sehr gespaltenes Verhältnis zur Privatsphäre. Wir führen den biometrischen Pass ein, auf der Krankenversicherungskarte sind sehr persönliche Daten verzeichnet, wir entblössen unser Innerstes auf Facebook. Und dennoch besteht ein Unterschied: Würden wir den automatischen Informationsaustausch einführen, würden sehr private Daten überall auf der ganzen Welt zirkulieren, wir gäben die Handlungshoheit darüber auf. Unser Steuersystem stützt sich sehr stark auf das Vertrauen zwischen Staat und Bürger. Beide Seiten dürfen auf dieses Vertrauen bauen. Ausser bei Anzeichen von missbräuchlichem Verhalten.

«Wenn bei Google Street View jedermann beobachtet werden kann, wehre ich mich politisch dagegen.»

Ansonsten setzt sich politisch kaum jemand mehr für die Verteidigung der Privatsphäre ein.
Ich halte den Datenschutz hoch. Wenn Sie freiwillig den Schutz der Privatsphäre preisgeben, indem Sie sich wie ein Buch öffnen, ist das ein bewusster Entscheid. Aber wenn, wie beispielsweise bei Google Street View, jedermann beobachtet werden kann, ob er es will oder nicht, wehre ich mich politisch vehement dagegen. Deshalb setze ich mich auch sehr da-

für ein, dass wir die Funktion des Datenschützers nicht abschaffen.

Wäre es denkbar, dass Eveline Widmer-Schlumpf einmal auf Facebook ist?
Ich würde nie selbst einen Eintrag machen. Ich verstecke mich zwar nicht, ganz abgesehen davon, dass ich nicht den Eindruck habe, alles über mich sei interessant. Aber ich habe ein Recht auf meine Privatsphäre. Jeder soll selbst entscheiden können, wie weit er gehen will.

Gespräch über Leben und Tod

«Jedes Leben hat so viel Sinn, wie man es schafft, ihm Sinn zu geben.»

Frau Widmer-Schlumpf, glauben Sie an ein Leben nach dem Tod?
Ich kann mir das aus meiner rationalen Optik eigentlich nicht vorstellen. Aber das Gegenteil kann ich auch nicht beweisen. Was nach dem Tod kommt, ist für mich ganz offen, und ich richte mich eigentlich auch nicht danach.

Aber der Tod beschäftigt Sie auch als Bundesrätin: Noch im Jahre 2007 sah die Regierung keinen Handlungsbedarf für eine gesetzliche Regelung der organisierten Sterbehilfe. Sie aber liessen 2008, kaum ein Jahr als Justizministerin im Amt, einen Vorschlag für die Änderung des Strafgesetzbuches ausarbeiten. Warum?
Ich habe festgestellt, dass ein regelrechter Sterbetourismus in die Schweiz begonnen hat. Das wurde mir nicht zuletzt durch Freunde, beispielsweise aus England, bewusst.

Die Schweiz ist ein sehr liberales Land, auch wenn es um die organisierte Sterbehilfe geht. Das ist doch längst bekannt und akzeptiert. Sind Sie nicht einfach ein paar medial stark begleiteten Einzelfällen aufgesessen?

Es kam immer häufiger zu Fällen, die für mich nicht mehr tolerierbar waren. Zum Beispiel der junge Mann, der zum Sterben in die Schweiz kam und dessen Freitod eine reine Affekthandlung war. Es darf nicht sein, dass es den Anschein erweckt, das Leben habe in der Schweiz eigentlich keinen Wert.

Sie befürchteten die Schlagzeile «Sterbetourismus: ein Angebot der Schweiz».

Ja, dieser Eindruck entstand tatsächlich. Ich bekam auch Telefonate von der deutschen Justizministerin und sogar von meiner finnischen Kollegin, obwohl gerade Finnland bezüglich Sterbehilfe ebenfalls ein liberales Land ist. «Um Himmels willen, was tut ihr da?», war der Tenor dieser besorgten Justizministcrinnen. Dann kam der Heliumfall, der das Mass vollmachte. Es darf nicht sein, dass ein Mensch, der sich das Leben nehmen will, dabei auch noch leidet. Und als ob damit nicht genug wäre, hatten wir Anzeichen, dass eine Organisation Sterbehilfe gewinnstrebend ausführte. Dass der Tod zu einem Geschäft wird, widerspricht meiner Einstellung dem Leben gegenüber zutiefst. Auch wenn man dem Leben ein Ende setzen will, muss diesem Gut ein anderer Stellenwert zukommen als allen anderen Gütern.

«Dass der Tod zu einem Geschäft wird, widerspricht meiner Einstellung dem Leben gegenüber.»

Wenn jemand aus gewinnsüchtigen Motiven Sterbehilfe betreibt, ist das gemäss Artikel 115 des Strafgesetzbuches schon heute strafbar.

Schon, aber die Kontrolle ist sehr schwierig. Zudem besteht bei der organisierten Sterbehilfe die grosse Gefahr, dass es zu Spontanentscheidungen kommt. Wenn man sich das Ausscheiden aus dem Leben über längere Zeit hinweg überlegt und den Entscheid dann vollzieht, ist das zu akzeptieren. Wenn aber jemand in die Schweiz kommt und innerhalb von 24 Stunden den Sterbeentschluss fasst und umsetzt, sind andere Möglichkeiten zu finden. Das tun wir mit der Botschaft, die der Bundesrat ausgearbeitet hat.

Mehr als bei anderen Bundesratsgeschäften spielt bei der Sterbehilfe die persönliche Einstellung eine grosse Rolle. Wie gross ist der Spielraum zwischen der die Regeln setzenden Politik und dem eigenen Empfinden?
Gerade bei ethisch-moralischen Fragen muss man versuchen, klar zwischen der eigenen Haltung und dem Handlungsbedarf zu unterscheiden. Ein absolutes Verbot von Suizidorganisationen liegt nicht auf meiner Linie. Und auch die ursprünglich vorgeschlagene zweite Variante der Vorlage, bei der Mitarbeitenden von Freitodorganisationen klare Vorgaben für ihre Tätigkeit gemacht werden, entsprach nicht genau der Regelung, die mir vorschwebte. Dennoch war ich überzeugt, dass wir eine gesetzliche Regelung brauchen.

Welches wäre Ihre bevorzugte Regelung gewesen?
Ich hätte eine Aufsichtsgesetzgebung für Sterbehilfeorganisationen befürwortet, damit die Gefahr gebannt werden kann, dass das Sterben in ein Geschäft ausartet. Aber Politik ist immer ein Kompromiss. Es ist ja bekannt, dass beispielsweise der

frühere Innenminister Pascal Couchepin für ein striktes Verbot der Sterbehilfe war.

Sie haben ebenfalls einen sehr restriktiven Revisionsvorschlag präsentiert, der es chronisch Kranken verunmöglicht, mithilfe von Sterbehilfeorganisationen aus dem Leben zu scheiden.
Ich habe mit sehr vielen Menschen und Organisationen gesprochen, die mit chronischen Krankheiten zu tun haben, zum Beispiel mit der Alzheimervereinigung. Auch dort sind die Meinungen zur Sterbehilfe ganz unterschiedlich. Sie reichen von ganz zustimmend bis ganz ablehnend. Die Schwierigkeit besteht schon bei der Definition von chronischen Krankheiten. Mein Sohn beispielsweise ist Asthmatiker. Er ist äusserst lebensfroh und absolviert ein Musikstudium.

Kein Mensch käme auf den Gedanken, einem Asthmatiker Sterbehilfe zu leisten!
Wo ist denn die Grenze zu ziehen?

Wo ziehen Sie sie?
Entscheidend ist die Zurechnungsfähigkeit. Jeder muss verantworten können, was er tut.

Gerade chronisch Kranke sind sehr oft zurechnungsfähig.
Deshalb sind wir nach dem Vernehmlassungsergebnis auch nochmals über die Bücher gegangen und haben den Rahmen grosszügiger gesetzt.

Auch psychisch Kranke sind chronisch Kranke, die den Sterbeentschluss im Moment der Zurechnungsfähigkeit fassen können. Diesen verwehren Sie die Freitodhilfe durch Organisationen.
Bei psychisch Kranken ist grösste Zurückhaltung geboten. Freitodhilfe durch Organisationen kann meines Erachtens nur infrage kommen, wenn der Sterbewunsch nicht Teil des Krankheitsbilds ist.

Wie stehen Sie persönlich zu Patientenverfügungen, die für den Fall getroffen werden, dass man eines Tages beispielsweise wegen eines schweren Unfalls nicht mehr zurechnungsfähig sein sollte?
Patientenverfügungen sind eine sehr gute Einrichtung. Genauso, wie man sich frühzeitig überlegen sollte, ob man sich unversehrte Organe nach einem schweren Unfall mit Todesfolge entnehmen lassen will, soll man sich rechtzeitig fragen, ob man für schwere Beeinträchtigungen nach einem Unfall vorsorgen und eine Patientenverfügung abfassen will.

Haben Sie eine?
Nein, aber ich habe im Sinn, eine auszufüllen. Weil ich das Gefühl habe, dass ich den Angehörigen dadurch eine schwierige Entscheidung ersparen kann: Sie kennen dann meine Einstellung gegenüber der Sterbehilfe in einem Zeitpunkt, in dem ich noch im Vollbesitz auch meiner geistigen Kräfte war.

Können Sie sich eine Situation vorstellen, in der Sie freiwillig aus dem Leben scheiden?
Aus heutiger Optik sicherlich nicht. Aus dem einfachen Grund, dass der Freitod meiner Lebensphilosophie widerspricht. Ich habe in meinem bisherigen Leben gelernt, die

Dinge so zu akzeptieren, wie sie sind. Ich bin stark gewillt, dies weiter zu tun, und zwar bis zum letzten Atemzug. Ich kann nicht davonlaufen.

Sie leben nach dem Motto, dass der Tod nur dann eine Erlösung ist, wenn er erduldet wird?
Natürlich ist es einfacher, den Freitod auszuschliessen, wenn man gesundheitlich nie grössere Probleme hatte. Mir ist es immer gut gegangen, bei allen schwierigen Situationen in meinem Leben. Ich hoffe, dass mir meine heutige Lebenseinstellung auch in der schwierigsten Situation im Leben, nämlich am Schluss, helfen wird. Ich habe das Gefühl, dass man gewisse Dinge einfach akzeptieren muss. Ich versuche zu ändern, solange man ändern kann, und setze mich für etwas ein, so lange es geht. Aber irgendwann kommt der Moment, in dem man sagen muss, dass es nicht anders geht.

Ihre Eltern sind betagt. Sprechen Sie mit Ihnen offen über den Tod?
Meiner Mutter geht es gesundheitlich sehr schlecht. Also sprechen wir selbstverständlich über den Tod.

Was, wenn Ihre Mutter die Sterbehilfe beanspruchen würde?
Wenn ich wirklich den Eindruck hätte, es sei ihr Wille, ihr Wunsch, dann würde ich ihr helfen, in einer für sie guten Art. Ich nehme nicht in Anspruch, dass meine Haltung auch diejenige von anderen sein muss.

Was macht Sie so sicher, dass Sie die Sterbehilfe nie beanspruchen würden?

Meine Einstellung, die auch mit persönlichen Erfahrungen zu tun hat: Im Jahre 1983 habe ich in der Nacht vom 29. auf den 30. April von einem Autounfall geträumt. Ich war damals schwanger mit meiner ältesten Tochter, und als ich am Morgen des 30. April aufstand, sagte ich zu meinem Mann, nun würde etwas Grauenhaftes passieren. Wir gingen dann nach Chur, um einzukaufen. Als wir nach Hause kamen, klingelte das Telefon. Es meldete sich die Polizei Rümlang. «Meine Schwester Carmen ist am Sterben», sagte ich, bevor der Polizist irgendetwas sagen konnte. Am anderen Ende des Telefons war Ruhe. «Woher wissen Sie das?», fragte der Polizist schliesslich. «Weil ich in der Nacht im Traum ein rotes Auto gesehen habe und dabei dachte, das sei meine Schwester, die immer sehr gerne Auto fuhr.» Genau so ist es auch gewesen. Carmen hatte einen schweren, unverschuldeten Autounfall mit ihrem roten Auto. Sie lag fast einen Monat im Koma, hatte mehrere Kopfoperationen und ist am 26. Mai schliesslich gestorben. Am 21. Mai habe ich meine erste Tochter zur Welt gebracht, die wir Carmen Ladina nannten.

Sie müssen ein spirituell veranlagter Mensch sein.
Nein, ich habe durchaus eine Erklärung für diesen Traum. Meine Schwester, die Flight-Attendant war, besuchte mich am 25. April. Sie kam gerade aus China und brachte mir ein entzückendes Kleidchen mit. «Das ist für dein Mädchen», sagte sie. Sie war überzeugt, dass ich ein Mädchen bekommen würde. «Du wirst doch wohl zu Besuch kommen, wenn das Kind auf der Welt ist, und ihr das Kleidchen selbst überbringen», erwiderte ich. Sie sagte: «Du weisst nicht, ob du mich nochmals siehst.» Und ging. Anschliessend besuchte sie ihre

Freundin und verabschiedete sich von ihr mit denselben Worten.

Hatte sie eine depressive Veranlagung?
Überhaupt nicht. Sie war eine unglaublich lebenslustige, schöne Frau, immer unterwegs, immer aufgestellt. Sie war ein überaus positiver Mensch. Ich betete darum, dass sie nach ihrem Unfall sterben konnte, die Hirnverletzungen waren so schwerwiegend. Die Vorstellung, sie sässe nachher schwer behindert im Rollstuhl, war grauenhaft. Glücklicherweise konnte sie dann sterben.

Dieses Ereignis prägt Ihre heutige Einstellung zum Leben?
Nicht nur. Unsere zweite Tochter hatte am vierten Tag nach ihrer Geburt einen Aortaverschluss. Wir brachten sie per Helikopter ins Kinderspital nach Zürich, und sie wurde vom Herzchirurgen Prof. Marko Turina operiert. Am Morgen nach der Operation kam der Kinderarzt zu uns und sagte: «Wir haben gemacht, was wir konnten, der Rest liegt nicht mehr in unseren Händen.» Das hat mich tief berührt. Giannina ging es dann immer besser, während andere Kinder mit der gleichen Diagnose zu jener Zeit noch gestorben sind. Erst Monate später wussten wir, dass unsere Tochter überleben würde.

«Ich will unbedingt vermeiden, dass sich jemand das Leben nimmt, weil die Gesellschaft es erwartet.»

Welche Schlüsse ziehen Sie aus diesen Ereignissen?
Es gibt einfach Dinge, die sind so, wie sie sind. Vielfach sind sie positiv, manchmal aber auch negativ. Als ich mit meiner damals achtjährigen Giannina einmal zur Kontrolle ins Kin-

derspital Zürich fuhr, sagte sie: «Weisst du, Mami, wir haben doch alle einfach eine Uhr in uns.» Das ist mir hängengeblieben. Eigentlich ist es doch genau so. Als drittes Kind bekamen wir einen Jungen, der am selben Tag wie meine verstorbene Schwester zur Welt gekommen ist. Auch das ist rational nicht erklärbar.

Kommen Ihnen solche Erlebnisse hoch, wenn Sie sich mit der Vorlage der Sterbehilfe beschäftigen?
Wach werden diese Erinnerungen immer dann, wenn es um die Frage geht, an wem es liegt, das Leben zu beenden.

Gerade im Fall Ihrer Schwester haben Sie festgestellt, dass ein Überleben mit entsetzlichen Schäden unvorstellbar gewesen wäre.
Und dennoch liegt es nicht an der Umgebung, an den Angehörigen, zu bestimmen, wann ein Leben nicht mehr auszuhalten ist. Wenn meine Schwester überlebt hätte und zum Schluss gekommen wäre, ihr Leben sei nicht mehr lebenswert, dann hätte ich die Freitodhilfe verstanden. Wenn sie aber unschlüssig gewesen wäre, hätten wir alles dafür getan, ihr Leben im Masse des Möglichen erträglich zu gestalten. Ich will unbedingt vermeiden, dass sich jemand das Leben nimmt, weil die Angehörigen oder die Gesellschaft dies erwarten.

Gibt es diese Beispiele wirklich?
Ja, auch das habe ich in persönlichen Gesprächen mit Altersorganisationen erfahren. Der soziale Druck, Freitodhilfe in Anspruch zu nehmen, steigt, vor allem für ältere Leute.

Ist es nicht so, dass der Todeswunsch bei vielen älteren Leuten nicht wegen des gesellschaftlichen Drucks steigt, sondern weil sie des immer längeren, überaus beschwerlich gewordenen Lebens überdrüssig sind. Und weil sie dankbar sind, dass der zivilisierte Umgang mit dem Todeswunsch ein wertvoller Gewinn der aufgeklärten Gesellschaft ist?
Sicher ist das oft so. Aber es gibt auch immer häufiger Fälle, in denen sich ältere Leute in diesem Sinn äussern, und in dem Moment, in dem man bereit ist, Sterbehilfe zu gewähren, der Lebenswille zurückkommt. Ich habe nach der Vernehmlassung zum Bericht über die organisierte Sterbehilfe viele Briefe von Betroffenen erhalten, die genau diese Situation beschrieben haben und mich aufforderten, dies zu berücksichtigen.

Was hat der Staat ausserhalb der strafrechtlichen Verantwortung überhaupt in diesem höchst privaten Bereich zu suchen?
Der Grundgedanke des Staates entspricht der Pflicht, Leben zu schützen und nicht Hilfe zu leisten, um das Leben auszulöschen. Auf der einen Seite muss er dafür sorgen, dass das Leben als etwas Wertvolles betrachtet wird, dass es seinen Wert hat und nicht einfach wie irgendetwas anderes weggegeben werden kann. Dort, wo es um Organisationen geht, die Sterbehilfe anbieten, ist der Staat deshalb verpflichtet, gewisse Schranken zu setzen. Auf der anderen Seite ist die Eigenverantwortung des Sterbewilligen zu respektieren, sofern sie in einem Stadium der Zurechnungsfähigkeit ausgeübt wird.

Es ist erstaunlich, wie liberal der Grossteil der Antworten in den Vernehmlassungen ausgefallen ist. Und wie selten in diesem Zusammenhang von Gott die Rede ist.

Es geht weniger um Gott als um den Glauben. Aber tatsächlich ist auch der nicht mehr so zentral. Ich glaube, man akzeptiert nicht mehr, dass einem die Kirche Vorwürfe für einen Entscheid zum Freitod macht. Früher war die Selbsttötung verwerflich und wurde seitens der Kirche gegenüber den Nachkommen oder Angehörigen sogar geahndet. Bis 1874 wertete auch der Staat: Je nachdem, wie man aus dem Leben schied, bekam man ein schickliches oder weniger schickliches Begräbnis. Die katholische Kirche ist erst 1983 dazu übergegangen, die Selbsttötung nicht mehr als verwerfliche Handlung zu betrachten. Mittlerweile entscheiden sich selbst gläubige Menschen für den Freitod.

Die Mehrheit der Schweizerinnen und Schweizer will selbst entscheiden, wann das Leben zu Ende gehen soll. Das weist eine Studie des Kriminologischen Instituts der Universität Zürich vom 2. September 2010 nach.

Die Studie weist aber ebenfalls nach, dass immer noch rund die Hälfte der Betroffenen meint, dass das Leben etwas Spezielles, ein spezielles Gut ist und dass man nicht das Recht hat, darüber selbst zu verfügen. Fast vierzig Prozent sagen zudem, sie würden den Entschluss, aus dem Leben zu scheiden, für sich selbst nicht treffen.

Wie erklären Sie sich denn diesen vordergründigen Widerspruch?

Gar nicht. Er zeigt einfach, wie schwierig diese Materie ist.

Wie weit kann man die Entscheidung über Leben und Tod an den Arzt delegieren?

Der Arzt wird stark beansprucht. Letztlich muss er das medizinische «Urteil» über Leben und Tod fällen. Für den Arzt ist es einfacher, wenn der Wille des Patienten und der Umgebung klar ist. Sobald dort eine Differenz entsteht und der Arzt nicht mehr weiss, was tatsächlich gilt, wird es schwierig. Aber unter Umständen ist er wirklich der Einzige, der darüber entscheiden kann. Deshalb sollten die angehenden Ärzte in der Ausbildung vermehrt auf solche ethisch bedingten Entscheide vorbereitet werden.

Gibt es eine allgemeingültige Ethik?
Meines Erachtens nicht. Es gibt medizinisch-ethische Richtlinien, die aber auch ziemlich offengehalten sind. Ethik ist letztlich individuell bedingt. Die einen können die organisierte Suizidbeihilfe mit ihrem ärztlichen Auftrag und mit ihrem Gewissen vereinbaren und stellen das Rezept für ein tödlich wirkendes Natriumbarbiturat aus. Andere Ärzte können das nicht, das ist zu akzeptieren. Ärzte werden künftig eher bereit sein, sich mit solchen Überlegungen auseinanderzusetzen, wenn sie sich während des Studiums vertieft damit befasst haben. Man kann diese Frage nicht früh genug diskutieren.

Gibt es politische Geschäfte, die Sie aus ethischen Gründen nicht vertreten könnten?
Die Wiedereinführung der Todesstrafe und das therapeutische Klonen von Menschen. Die Fristenlösung hätte ich aber problemlos vertreten können, auch wenn sie für mich persönlich genauso wenig infrage gekommen wäre wie – aus heutiger Sicht – der Freitod.

Der Philosoph Walter Benjamin sagte, das moderne Leben verdränge den Tod. Stimmen Sie zu?
Ich stelle fest, dass in den letzten zwanzig, dreissig Jahren, mindestens seit meiner Kantonsschulzeit, der Tod in der Gesellschaft kaum mehr ein Thema ist. Man lebt, und wenn jemand stirbt, ist das nur ein Moment. Man betrachtet das Leben nicht mehr als natürlichen Ablauf. Die letzte Zeit wird vielfach ausgeklammert, vor allem in den Städten und deren Agglomerationen. In den kleineren Dörfern, in denen man die Verstorbenen zum Teil noch zu Hause behält, bevor man sie bestattet, ist die Auseinandersetzung mit dem Leben und vor allem mit dem Tod viel intensiver. Man lernt, den Tod nicht als etwas Abschreckendes zu betrachten, sondern als etwas Natürliches, was einen zwar sehr traurig macht, was man deshalb aber nicht verdrängen soll. Ich hoffe, dass die Palliative Care den Umgang mit dem Tod und letztlich auch die Frage nach dem Sinn des Lebens fördern wird.

Stellen Sie sich die Frage nach dem Sinn des Lebens?
Ja, ich stelle mir diese Frage immer wieder und ziemlich intensiv. Jedes Leben hat so viel Sinn, wie man es schafft, ihm Sinn zu geben. Was will ich eigentlich, das zurückbleibt? Was ist es, was mir am meisten fehlt am Schluss?

Welchen Sinn sehen Sie im Leben?
Ich möchte am Ende sagen können, dass ich das, was ich gemacht habe, so gemacht habe, wie ich es mir vorgestellt habe. Dass ich die Gewichtungen richtig gelegt habe, dass die Familie für mich immer die oberste Prio-

> *«Es gibt Dinge, die sind nicht zu ergründen. Und das ist gut so.»*

rität gehabt hat. Bisher ist mir das gelungen. Ich möchte aber auch sagen können, dass ich zumindest streckenweise anderen irgendwie geholfen habe. Deshalb war mir die Freiwilligenarbeit immer ein grosses Anliegen. Es war mir immer ein Bedürfnis, etwas zurückzulassen, was für andere einen Sinn ergibt.

Sind Sie religiös?
Ich setze mich mit Glaubensfragen auseinander und hatte auch immer ein sehr gutes Verhältnis mit den Pfarrern in unserem Dorf. Mit dem heutigen diskutiere ich gern. Ich bin im christlichen Glauben erzogen worden. Die Kirche ist für mich in erster Linie ein Ort der Stille und der Ruhe. Deshalb kann ich mit Gottesdiensten mit grossem Brimborium nicht viel anfangen. Ich gehe am Wochenende hin und wieder ins Berner Münster oder in eine andere Kirche, setze mich hin, werde ruhig und ordne gewisse Dinge. Ich habe das Gefühl, Halt zu haben durch irgendetwas, was ich nicht erklären oder definieren kann. Es gibt eben Dinge, die sind nicht zu ergründen. Und das ist gut so.

Gespräch über Macht, das Verhältnis zu den Parteien und die Wahl in den Bundesrat

«Wenn ich gar nichts unternehmen kann, um eine Situation zu verändern, stresst mich das enorm.»

Frau Widmer-Schlumpf, vor vier Jahren wurden Sie als Vertreterin der SVP in den Bundesrat gewählt. Sie wurden aus der Partei ausgeschlossen und regieren nun als Bundesrätin der BDP, einer Kleinstpartei. Bedeutet Ihnen die Konkordanz nichts?
Doch, allerdings ist entscheidend, wie man Konkordanz definiert. Für mich bedeutet der Begriff, dass man das gemeinsame Ziel hat, politische Geschäfte im Sinne und zum Wohl unseres Landes gemeinschaftlich zu lösen, unabhängig davon, woher man kommt.

Gemeinhin bedeutet die schweizerische Konkordanzdemokratie, dass alle Parteien gemäss deren Wähleranteil in der Regierung vertreten sind. Damit entfällt der Anspruch der BDP, eine Bundesrätin oder einen Bundesrat zu stellen.
Das auf Stabilität ausgerichtete Konkordanzsystem der Schweiz ist mit der Polarisierung und der Schwächung der traditionellen Regierungsparteien stark unter Druck geraten. Bis vor ein paar Jahren war man bereit, mit ganz unterschiedlichen Wertvorstellungen nach Lösungen zu suchen. Arithmetische Konkordanz war in vielen grundlegenden

Fragen oft auch inhaltliche Konkordanz. Heute versucht man zu wenig, konstruktiv einen Schritt auf den anderen zu zu machen. Für mich zählt dieser Anspruch aber immer noch. Ich werde weiterhin versuchen, mich auch mit Andersdenkenden zusammenzusetzen und gemeinsam nach einer Lösung zu suchen. Unabhängig von der Parteicouleur.

«Ich suche Lösungen, ohne dass jemand als Verlierer dastehen muss.»

Als Bündner Regierungsrätin der SVP vertrat ich zwar eine Mehrheitspartei, habe aber gleich politisiert wie hier in Bern. Ich habe politisch umstrittene Geschäfte mit Vertreterinnen und Vertretern verschiedener Interessengruppen vordiskutiert, in denen alle Strömungen vertreten waren. Dieses Vorgehen hat sich bewährt. Man hört dann schon mal verschiedenste Argumente und kann sich überlegen, welcher Weg realistisch ist. Das ist meine Art der Arbeit. Ich suche Lösungen, ohne dass jemand als Verlierer dastehen muss. Ich kämpfe zwar mit aller Kraft für meine Ideen und Überzeugungen, aber ich bin auch bereit, von meinen Vorstellungen abzurücken und einen Kompromiss einzugehen, sofern mich die anderen Vorschläge überzeugen.

Es kümmert Sie also kaum, welche Partei einen Sitzanspruch geltend macht?

Die Sitzansprüche der Parteien sind ein Kriterium, aber nicht das einzige und nicht das einzig verbindliche. Es gibt vergleichbare Beispiele, so etwa die Wahl von Kurt Wernli in die Aargauer Regierung.

Kurt Wernli war vom Volk, Sie sind vom Parlament gewählt worden.
Das eidgenössische Parlament ist das kompetente Wahlorgan. Seinen Entscheid wollte ich respektieren, als ich vor vier Jahren die Wahl annahm.

Sie regieren mit einer Fünf-Prozent-Partei im Rücken.
Das könnte für mich möglicherweise dann eine Sorge sein, wenn die Wiederwahl bei der Gesamterneuerungswahl des Bundesrats vom 14. Dezember 2011 mein einziges Ziel wäre. Natürlich übe ich mein Amt sehr gerne aus. Aber ich bin nicht amtsverliebt. Für mich zählen auch noch andere Dinge im Leben. Meine Welt bricht bei einem Ausscheiden aus dem Bundesrat nicht zusammen.

Sie sind aber machtbewusst.
Was heisst machtbewusst? Wenn Macht so verstanden wird, dass man mit anderen zusammen etwas zum Fliegen bringen kann, wenn man ein Anliegen, ein Bedürfnis oder ein Problem erkennt und versucht, es umzusetzen beziehungsweise zu lösen: ja, dann bin ich durchaus machtbewusst. Auch ehrgeizig in dem Sinne, dass ich gerne gestalte, was ja ein Exekutivamt so attraktiv macht. Aber mich zu verbiegen, berechnend gegen meine eigentliche Überzeugung eine Haltung zu vertreten, weil sie gut ankommt, passt überhaupt nicht zu mir. Sonst hätte ich einiges nicht angepackt, beispielsweise die Grossbankenregulierung. Auch hätte ich möglicherweise auf den Wechsel vom Justiz- ins Finanzdepartement verzichtet. Aber solche Vorwürfe werden wie ein Mantra in den Medien wiederholt. Was immer ich tue oder vertrete, ich tue es angeb-

lich, um meine Wiederwahl zu fördern beziehungsweise nicht zu beeinträchtigen. Damit muss ich leben, auch wenn solche unfundierten und nicht belegbaren Vorwürfe ärgerlich sind.

Erhalten Sie schon Angebote für den Fall, dass Sie nicht wiedergewählt werden?
Ja. Aus der Wirtschaft, aber auch von nicht gewinnorientierten Organisationen.

Männer haben Macht und agieren mächtig. Frauen reagieren sensibler. Stimmt diese oft gehörte Aussage Ihrer Meinung nach?
Ich habe Mühe mit solchen Gemeinplätzen. Allenfalls ist der Umgang mit Machtpositionen durch Frauen anders als bei Männern.

War man deshalb vielleicht etwas über die Art und Weise irritiert, wie Sie die Wahl zur Bundesrätin annahmen?
Man setzt bei Frauen und Männern nicht immer die gleichen Massstäbe. Auch die Erwartungen sind nicht immer gleich. Einige denken, dass eine Frau rascher umfällt und schwierigen Situationen nicht standhält. So dachten wohl manche bei meiner Wahl, dass ich diese Situation nicht durchstehe.

Macht haben heisst Verantwortung tragen. Legen Sie sich Rechenschaft über Ihr Tun ab?
Ja, das tue ich. Ich überlege mir bei weittragenden Fällen die möglichen Auswirkungen in einer absehbaren Zukunft sehr wohl. Nicht das Jetzt steht dabei im Vordergrund, sondern ein längerfristiges Resultat.

Machen Sie sich auch Gedanken über Ihren Führungsstil?
Ich reagiere manchmal intuitiv, wobei diese Intuition auch auf langjährige Führungsarbeit zurückgeht. Ich habe mir in den mittlerweile 13 Jahren mit Führungserfahrung aber immer wieder überlegt, was ich besser machen könnte, vor allem dann, wenn ich Fehler begangen habe. Die gibt es ja, trotz aller Bemühungen, richtig vorzugehen.

Es gibt Politiker, die ganze Bücher über Führung schreiben. Sie eines Tages auch?
Ganz sicher nicht.

Haben Sie Führungskurse besucht?
Ja, verschiedene, unter anderem im Zusammenhang mit meiner Freiwilligentätigkeit, wo ich auch Führungsaufgaben übernommen hatte. Da spielt der Umgang mit Menschen eine grosse Rolle.

Sie werden aus bekannten Gründen stärker als andere Bundesratsmitglieder kritisiert. Brauchen Sie nicht auch Anerkennung?
Doch, aber die bekomme ich. Auch aus der Öffentlichkeit und aus der Bevölkerung.

Sie wurden 2008 zur Schweizerin des Jahres gewählt. Freuten Sie sich über diese Wahl?
Es tat mir aus psychologischen Gründen gut, weil dieses Jahr wegen heftiger Attacken sehr schwierig war. Ich bekam damals Dutzende von Mails, immer in ähnlichem Wortlaut, die sehr bösartig waren.

Sie müssten eigentlich für eine Volkswahl des Bundesrats sein. Ihre Wiederwahl wäre gesichert.
Ich bin aber dagegen. Eine Volkswahl würde die Frage der Instrumentalisierung und auch der Mediatisierung aufwerfen. Ich befürchte, man könnte die Probleme dieses Landes dann erst recht nicht mehr sachlich angehen.

Sie haben ins Finanzdepartement gewechselt, weil Sie die Dossiers aus Ihren früheren Tätigkeiten und aus Ihrer Zeit als Stellvertreterin von Hans-Rudolf Merz kannten. War dieser Wechsel ein Jahr vor der Gesamterneuerungswahl nicht etwas egoistisch, da Sie mit einer Nichtwiederwahl rechnen müssen?
Als sich die Frage eines Wechsels ins Finanzdepartement stellte, habe ich mit Freunden darüber diskutiert. Wir waren uns einig, dass sowohl der Verbleib im Justiz- und Polizeidepartement als auch der Wechsel ins Finanzdepartement mit den Gesamterneuerungswahlen des Bundesrats in Verbindung gebracht würde. Wäre ich geblieben, hätte es geheissen, ich hätte aufgegeben, im Wissen, dass ich nicht wiedergewählt würde. Bei einem Wechsel ins Finanzdepartement würde unweigerlich der Vorwurf kommen, ich wollte mich im Finanzdepartement unentbehrlich machen. Ich konnte also machen, was ich wollte, es war eh falsch. Dass ich mir wenig Gedanken über die Wiederwahl machte, nahm man mir ohnehin nicht ab. Der Bundesrat hat über die Departementszuteilung beraten, und ich wechselte …

… im Wissen, dass Sie sich dort wie ein Fisch im Wasser fühlen und nach der ersten Aufregung erst recht beweisen können, dass eine Wiederwahl sich inhaltlich rechtfertigt.

Ich habe mich auch im Justiz- und Polizeidepartement sehr wohlgefühlt. Diese ständige Reduktion auf die Überlegungen, wie ich meine Wiederwahl sichern könnte, ist manchmal fast unerträglich. Manch ein Medienartikel beginnt mit diesem taktischen Vorwurf. Andere werden nach Vorlagen oder Leistungen beurteilt. Bei mir geht es hauptsächlich um die Wiederwahl.

Was sicherlich damit zu tun hat, wie Sie im Jahre 2007 in den Bundesrat gewählt worden sind. Noch immer ist unklar, ob Sie sich im Vorfeld gegen oder für eine Annahme der Wahl ausgesprochen hatten.

Der damalige Parteipräsident und heutige Bundesrat Ueli Maurer hatte mich im Vorfeld auf die äusserst unwahrscheinliche Möglichkeit angesprochen, dass ich gewählt werden könnte, und gefragt, wie ich mich dann verhalten würde. Ich sagte ihm, dass ich mir nicht vorstellen könnte, ein solches Amt ohne eine Fraktion im Rücken gut auszuüben. Niemand in der SVP rechnete ernsthaft damit, dass mich eine Mehrheit des Parlaments wählen würde. Als ich dennoch gewählt wurde, musste ich mich erstmals ernstlich mit der Situation auseinandersetzen. In dem berüchtigten Dok-Film vom 6. März 2008, *Die Abwahl – Die Geheimoperation gegen Christoph Blocher,* sagt Ueli Maurer, ich habe ihm kurz vor dem entscheidenden Wahlgang versichert, ich würde die Wahl nicht annehmen. Ein paar Monate später hat er diese Aussage in einem Interview relativiert.

Dennoch: Ein Jahr vor der Gesamterneuerungswahl ins Finanzdepartement zu wechseln, ist schon etwas dreist.

Wie oft habe ich das gehört, dass das Jahr 2011 bei einem Wechsel meinerseits für das Finanzdepartement ein verlorenes Jahr sei! Diesen Vorwurf wollte ich entkräften, und ich wusste, dass die Voraussetzungen dafür gut sind. Es gab bei meinem Wechsel vom Justiz- und Polizeidepartement ins Finanzdepartement keinen «Bruch». Das Terrain war nicht neu, ich musste nicht alles neu lernen, sondern konnte in verschiedenen Bereichen einfach weiterarbeiten. Einerseits kannte ich viele Dossiers aus meiner Zeit als Regierungsrätin und Präsidentin der Finanzdirektorenkonferenz. Andererseits war meine Stellvertretung während der Krankheit von Hans-Rudolf Merz intensiv. Ich war am 21. September 2007 von einem Tag auf den anderen in die Finanzgeschäfte ein- und am 4. November 2008 wieder ausgestiegen, nachdem Hans-Rudolf Merz die Departementsführung wieder übernommen hatte. Ebenso plötzlich, wie ich im September zu den Informationen im Finanzbereich gekommen war, fehlten mir diese von einem Tag auf den andern. Ein etwas gestaffelter Übergang wäre mir leichter gefallen. Und als im Februar 2009 die Geschichte mit den UBS-Akten plötzlich aktuell wurde, steckte ich wieder mittendrin, weil der Vertrag, den wir mit den USA abschlossen, auch Sache des Justizdepartements war. Nach meinem Wechsel ins Finanzdepartement konnte ich in dieser Angelegenheit also fast weitermachen, wo ich aufgehört hatte.

Sie haben seither sehr viele Geschäfte angepackt.

Ja, wir haben mit viel Energie Dossiers vorangetrieben und abgeschlossen. Wir werden verschiedene Doppelbesteuerungsabkommen bis Ende Jahr unter Dach und Fach haben, Abkommen über eine Abgeltungssteuer auch. Wir haben eine

Ergänzung der Unternehmenssteuerreform II vorgelegt und ebenso Vorschläge zu einer Unternehmenssteuerreform III zur Stärkung des Standortes Schweiz. Das Steueramtshilfegesetz wurde im Bundesrat verabschiedet, massgebende Weichen bei der Familienbesteuerung gestellt wurden sowie eine staatsquotenneutrale ökologische Steuerreform vorgeschlagen.

Hätten Sie dieselbe Energie an den Tag gelegt, wenn die Wiederwahl nicht gefährdet gewesen wäre?
Natürlich. Verschiedene der Geschäfte warten ja schon länger auf eine Lösung. Wenn man selbst die Energie hat, den Karren anzustossen, dann sind die Mitarbeitenden in der Regel gerne bereit, mitzuziehen. Stellt man sich darauf ein, zwei, drei Jahre lang warten zu wollen, um eine Vorlage zu präsentieren, bringt man diesen Motivationsschub nicht hin. Als ich meinen Leuten sagte, dass ich die «Too big to fail»-Vorlage, die Grossbankenregulierung, noch in dieser Legislatur unter Dach und Fach bringen wollte, war niemand schockiert, im Gegenteil. Sie haben sich alle enorm engagiert. Wir haben Stunden und Tage diskutiert, dann wurde alles niedergeschrieben, ab und zu bekam ich sogar morgens um halb zwei ein Mail eines Mitarbeitenden, es sei ihm gerade ein Lösungsvorschlag in den Sinn gekommen.

> *«Wenn man die Energie hat, den Karren anzustossen, sind die Mitarbeitenden meist bereit, mitzuziehen.»*

Solche Mails beantworteten Sie sofort, weil Sie morgens um halb zwei auch noch hellwach sind?
Das kommt vor.

Wie reagieren Mitarbeitende, wenn die Chefin sich auch um Details kümmert?
Einer der Chefs der Steuerverwaltung hat mir kürzlich gesagt, er finde es super, dass man mit mir über Sachvorlagen und sogar einzelne Details streiten könne.

Gewähren Sie Ihren Mitarbeitenden den für eine motivierende Arbeit notwendigen Gestaltungsspielraum?
Natürlich. Wenn andere Argumente besser sind, dann lasse ich mich überzeugen. Was voraussetzt, dass beide Seiten gut vorbereitet sind. Beide Seiten machen Vorschläge, die fundiert begründet werden müssen. Als sich bei der Unternehmenssteuerreform II zeigte, dass sich aufgrund nicht vorhandener Zahlen unerwartet hohe Mindererträge ergeben würden, hatte ich eine Vorstellung, wie man das auf dem gesetzgeberischen Weg mindestens teilweise korrigieren könnte. Die Idee habe ich auch mit externen Steuerfachleuten diskutiert. Meine eigenen Leute aus der Steuerverwaltung vertraten in einzelnen Punkten eine andere Auffassung. Nach intensiven Diskussionen war ich überzeugt, dass sie recht hatten.

Überfordern Sie Ihr Team nicht?
Es sind ja nicht immer dieselben Mitarbeitenden involviert. Nur ich bin immer dabei (lacht). Bei den Steuervorlagen ist es die Steuerverwaltung, bei der Ökologischen Steuerreform auch die Finanzverwaltung. Bei der «Too big to fail»-Vorlage wiederum sind es der Rechtsdienst und das Staatssekretariat für internationale Finanzfragen, bei der Revision des Alkoholgesetzes die Eidgenössische Alkoholverwaltung und so weiter. Wenn ein Projekt durch ist, kann man die ordentlichen Ge-

schäfte wieder mit etwas mehr Ruhe erledigen. Zwischendurch ist ein solcher «Kick» nicht schlecht. Ich habe die Erfahrung gemacht, dass man gerne drei, vier Monate auf Hochtouren arbeitet, wenn man weiss, dass das nicht immer so ist.

Es hat noch niemand den Bettel hingeschmissen, weil es ihm zu viel wurde?
Nein, im Finanzdepartement nicht.

Es gab einige Fälle von Kadermitarbeitenden, von denen Sie sich rasch trennten.
Es sind dieselben Fälle, die immer und immer wieder gebetsmühlenartig wiederholt werden. Wenn ich mich von jemandem getrennt habe, dann nur, weil er oder sie die Anforderungen, die an die Funktion gestellt werden, nicht erfüllte oder weil auch er oder sie eine Neuorientierung als richtig erachtete.

Im eidgenössischen Justiz- und Polizeidepartement gab es mehrere abrupte Abgänge …
… die allesamt begründbar waren. Bei meinem ehemaligen Kommunikationschef Livio Zanolari stellte sich heraus, dass er auch nach dem Ausscheiden meines Vorgängers Christoph Blocher, der ihn zu seinem Kommunikationschef gemacht hatte, weiterhin engen Kontakt zu ihm pflegte. Ich konnte mir nicht vorstellen, dass jemand in einer solchen Konstellation Diener zweier Herren sein könnte.

Auch der ehemalige Chef des Bundesamts für Migration musste gehen. Weil er sich Ihnen entgegenstellte?

Ich akzeptiere sehr wohl, dass nicht alle gleich «ticken» und dass man mit unterschiedlichen Charakteren zusammenarbeiten kann und soll. Jeder und jede kommt auf seine Art zum Ziel. Wenn aber jemand in leitender Position sagt, er sei nicht bereit, eine als notwendig erachtete Reorganisation mitzumachen, dann muss man nach einer Lösung suchen. Ich akzeptierte, dass Herr Gnesa die Reorganisation nicht durchziehen wollte, aber es war klar, dass er unter diesen Umständen nicht mehr als Amtschef walten konnte. Deshalb haben wir nach Lösungen gesucht und, wie ich meine, zur Zufriedenheit beider eine gute Alternative gefunden.

«Ich möchte optimale Grundlagen schaffen, damit die nächsten in der Schweiz lebenden Generationen offene Perspektiven haben.»

Die Reorganisation des Bundesamts für Migration sorgt heute noch für viel Unruhe.

Wegen des Wechsels an der Spitze des Justizdepartements ist sie ins Stocken geraten. Das bedaure ich. Nur lässt sich das fast nicht vermeiden. Bei einem Wechsel gibt es oft Verunsicherung, bis sich alles eingespielt hat.

Was Ihnen insbesondere die SVP immer wieder vorgehalten hat.

Es war klar, dass mir die SVP das Leben im Bundesrat nicht leicht machen würde. Zu Anfang war das ausserordentlich schwierig für mich. Aber die Situation ist heute eine andere als bei der Wahl vor vier Jahren. Als ich damals akzeptierte, tat ich das nicht allein aus meiner Sicht, sondern habe mit der SVP-Parteileitung gesprochen. Man war allgemein der Auffassung, der zweite SVP-Sitz werde nicht mehr an Christoph Blocher gehen, auch wenn ich die Wahl nicht annähme. Ich nahm die Wahl schliesslich an, weil ich einerseits den Willen des Wahlorgans hoch achte und andererseits, weil ich den Beweis antreten wollte, dass ich diesen Herausforderungen gewachsen bin. Ich wollte versuchen, eine etwas liberalere Haltung in die SVP hineinzubringen, das war ja auch die Absicht des damaligen Bundesrats Samuel Schmid.

An Ihren fachlichen Fähigkeiten hat kaum jemand je gezweifelt.
Aber einige glaubten, ich würde an dieser Zermürbungstaktik zerbrechen. Ich habe es geschafft und gelernt, mit solchen Situationen umzugehen.

Was machte Ihnen am meisten zu schaffen?
Dass meine ehemalige Partei eine Figur von mir zimmerte, die fortan gelten sollte und nicht mehr zu korrigieren war. Am Tag der Wahl, also am 12. Dezember 2007, sind wir alle zusammengesessen: Christoph Blocher, Parteipräsident Ueli Maurer, Fraktionschef Caspar Baader, Mitglieder der Geschäftsleitung und ich. Ich habe mich erklärt. Im Januar 2008 habe ich dann das Gespräch mit Toni Brunner gesucht. Er hat es mir bis kurz nach seiner Wahl zum Parteipräsidenten verweigert. Als wir uns dann endlich trafen, kam es zu keiner ernsthaften Diskussion. Im Mai oder Juni 2008 habe ich die Situation akzeptiert, wie sie ist, im Wissen, dass sich nichts mehr ändern lässt. Auch wenn persönliche Attacken an die Grenzen des Erträglichen gingen.

Ohnmacht muss Ihnen sehr zuwider sein.
Ja. Wenn ich gar nichts unternehmen kann, um eine Situation zu verändern, stresst mich das enorm. Ich kann mit der Rea-

lität umgehen, aber ich muss die Möglichkeit haben, etwas zu bewegen. Es ist weniger die Ohnmacht, die mich stresst, als das Ausgeliefertsein. Als ich im Juni 2008 gegen die Einbürgerungsinitiative der SVP kämpfte, bin ich in der *Arena* im Schweizer Fernsehen gegen Christoph Blocher angetreten, an dessen Stelle ich in den Bundesrat gewählt worden war. Das war für mich darum kein Problem, weil ich wusste, dass ich die inhaltliche Konfrontation mit ihm meistern würde. Schwierigkeiten habe ich immer dann, wenn nur noch oder vorwiegend auf der emotionalen Ebene gefochten wird.

Als Bundesratsvertreter ist man ja nicht mehr in erster Linie der Partei verpflichtet. Half das?
Ja, das ist hilfreich. Gerade in diesem Amt muss man stets die eigene Meinung hinterfragen und zu einer Neupositionierung bereit sein. Diese Bereitschaft hat in den letzten Jahren abgenommen, im Parlament und in den Parteien. Oft wohl, weil man befürchtet, das Gesicht zu verlieren.

In der Atomfrage trifft diese Aussage nicht zu. Parteien und auch der Bundesrat haben ihre Meinung klar geändert.
Wobei ich erstaunt war, dass man mir einen Meinungsumschwung unterstellt hat. Ich vertrete seit Jahren die Auffassung, dass man den Weg aus der Kernenergie hinausfinden muss. Zwar habe ich vor dem Entscheid des Bundesrats, aus der Atomenergie auszusteigen, kein Datum genannt, aber ich habe mich offen zum Ausstieg als oberstes Ziel bekannt. Ich setzte mich schon lange vor Fukushima für die erneuerbaren Energien ein, nicht zuletzt, um die Abhängigkeit vom Ausland zu vermindern. Ich habe mich auch schon früh mit der

Wirtschaftlichkeit erneuerbarer Energie auseinandergesetzt. Es ist deshalb falsch, den Bundesratsentscheid zugunsten des Atomausstiegs mir zuzuschreiben und mir vorzuwerfen, ich hätte meine Meinung aus wahltaktischen Gründen geändert. Abgesehen davon, dass ich mich noch nie aus wahltaktischen Überlegungen für oder wider ein Geschäft ausgesprochen habe.

Ist es der Gestaltungswille, der Sie an einem Exekutivamt reizt?
Ich war auch gerne Parlamentarierin, aber wohl vor allem darum, weil ich von Anfang an Präsidien von Kommissionen zugewiesen bekommen habe. Die Möglichkeit, etwas aufzugleisen und durchzusetzen, bietet sich auch als Parlamentarierin, noch stärker aber in einem Exekutivamt. Im positiven Sinn streite und kämpfe ich sehr gerne für ein politisches Geschäft.

Aber vor allem in einer Führungsfunktion.
Natürlich. Weil man dann mehr Möglichkeiten hat, sich Gehör zu verschaffen und sich durchzusetzen. Unter Umständen kommt man in einem Exekutivamt schneller zum Ziel. Wobei man immer auf ein Team angewiesen ist, auch als federführende Person. Das gefällt mir gut im Bundesratsgremium: Wir diskutieren oft sehr intensiv und auch kontrovers.

Haben Sie eine Vision vor Augen?
Ich möchte, wo auch immer ich tätig bin oder tätig sein werde, optimale Grundlagen schaffen, damit die nächsten in der Schweiz lebenden Generationen offene Perspektiven haben. Durch Lösungsvorschläge, die viel Spielraum für die Eigenverantwortung lassen, auf allen Stufen, beim Individuum bis

zur NGO oder dem Wirtschaftsunternehmen. Wir müssen alles daran setzen, dass wir der nächsten Generation nichts verbauen. Dafür setze ich mich ein.

Der raue Weg von Felsberg nach Bern

Dem Heimatdorf Felsberg bis heute treu geblieben

Ernsthaftigkeit, verbunden mit Pflichtbewusstsein, prägt Eveline Widmer-Schlumpf seit ihrer Kindheit. Schon mit fünf Jahren beharrte sie darauf, die eingeschriebenen Briefe ihres Vaters aus seiner Anwalts- und Notariatskanzlei in Chur abzuholen, auf die Post zu bringen und die Quittungen, fein säuberlich geordnet, abzuliefern. «Das Täschchen berührte fast den Boden, so klein war sie», erinnert sich Vater Leon Schlumpf, Bundesrat von 1979 bis 1987. «Aber diese Aufgabe hätte sie sich nicht nehmen lassen. Kein einziges Mal ging etwas verloren oder vergass sie die Quittung.»

Eveline Widmer-Schlumpf wurde am 16. März 1956 als mittlere von drei Töchtern der Familie Schlumpf im bündnerischen Felsberg geboren. Dem Dorf mit rund 2300 Einwohnerinnen und Einwohnern, am Fuss des Calanda und westlich von Chur gelegen, ist sie bis heute treu geblieben. Das Haus, das sie mit ihrem Mann Christoph Widmer bewohnt und in dem sie ihre drei Kinder grosszog, liegt in unmittelbarer Nähe ihres Elternhauses, am Ufer des Rheins. Wanderungen dem Fluss entlang, über Fluren und durch Wälder gehörten während vieler Jahre zu den sonntäglichen Vergnügen von Vater Leon. Dabei erteilte er «Geschichtsunterricht in Märchenform». Er habe immer zwischen Gut und Böse unterschieden. Hitler und Stalin waren die Bösen, Churchill der Gute. Die Kinder liebten diese Erzählungen, wobei Eveline die Schwarzweiss-Malerei mit ihrem kritischen Geist schon in jungen Jahren zu hinterfragen begann.

Ihre sechs Volksschuljahre absolvierte sie buchstäblich «mit links». Sie war Linkshänderin. Das wurde ihr von ihrem Unterstufenlehrer insofern ausgetrieben, als er ihr die «falsche» Hand mit dem Schürzenbändel auf den Rücken band. Sie nimmt dem Lehrer diese eher brachiale Umerziehungsmethode nicht etwa übel. Vielmehr erkennt sie darin in ihrer pragmatischen Art sogar einen Vorteil: «Als ich mir vor ein paar Jahren das rechte Handgelenk brach, war ich nach kurzer Zeit in der Lage, auf die linke Hand umzustellen.» Die unübliche Erziehungsmassnahme war zu Hause kein Thema. «Sie erzählte fast nie, was sich in der Klasse tat», erinnert sich Leon Schlumpf. Das Einzige, was er mitbekam, war das Zeugnis. Dieses musste er unterschreiben, was er aufgrund der sehr guten Leistungen seiner Tochter kommentarlos tat.

Hilfskraft in der Primarschule

Eveline Widmer-Schlumpf war bei Mitschülerinnen und Mitschülern breit akzeptiert. Als Lieblingsschülerin bezeichnete sie Mittelstufenlehrer Renzo Cornelio Fasciati. Nicht immer zur Begeisterung seiner eigenen Kinder, wie sich seine Tochter Hedi Luck-Fasciati, spätere Präsidentin der Bündner Frauenzentrale, erinnert. «Wir waren fast schon eifersüchtig, weil er immer wieder betonte, welch eigenständige und gute Schülerin sie war und wie sehr sie ihm das Lehrerdasein erleichterte.» Fasciati setzte Eveline Widmer-Schlumpf nämlich gerne als Hilfskraft für die schwächeren Klassenkameradinnen und Klassenkameraden in der 38-köpfigen Klasse ein. Nach der Schule brachte die Primarschülerin ihre «Gspänli» jeweils mit nach Hause: um gemeinsam die Schulaufgaben zu erledigen und dabei den Lernschwächeren unter die Arme zu greifen. Sie habe dabei gelernt, dass man Dinge nur einfach und verständlich weitergeben könne, wenn man sie selbst wirklich verstanden habe, sagt Eveline Widmer-Schlumpf. Davon profitiere sie noch heute. Hedi Luck-Fasciati, die Eveline Widmer-Schlumpf auch später immer wieder begegnete, gewichtet anders: «Eveline zeichnete sich schon in der Primarschule durch ein grosses soziales Verantwortungsbewusstsein aus.»

Mutter Trudi als ruhender Pol

Der ruhende Pol in der Familie Schlumpf war Mutter Trudi. Sie war eine der ersten diplomierten Kinderkrankenschwestern im Kanton Graubünden und gab ihre Berufstätigkeit zugunsten der Familie auf. Sie wollte sich um die Kinder kümmern und ihren Mann auf seinem Karriereweg unterstützen. Der Anwalt und Notar, spätere National- und Ständerat, Preisüberwacher und Bundesrat war ein geselliger Mensch, der nicht selten ohne vorgängige Benachrichtigung Kollegen mit nach Hause brachte. Ohne Murren wurden die Gäste durch die weiblichen Familienmitglieder verköstigt. Die drei Töchter wurden eingespannt, allen voran Eveline Widmer-Schlumpf: Sie kochte, servierte, räumte auf und übernahm den Geschirrabwasch. Obwohl sie auch heute noch kein grosses Interesse an kulinarischen Genüssen zeigt, sei sie durch diese frühe Gastgeberinnenrolle eine gute Köchin und Haushälterin geworden. Auch Fleisch kocht die Vegetarierin, «wenn es denn sein muss».

Die Familie Schlumpf verbrachte die Ferien oft und gerne im Norden. Unter dem sanften Einfluss der Kinder liess sich der Vater dann doch einmal überzeugen, in den Süden zu fahren. Während ihn die drei Töchter übers Tennisfeld jagten und er dabei unter der Hitze litt, genossen die Kinder die warmen Ferientemperaturen. «Am Schluss der heissen Wochen teilte mir Eveline mit, man würde in den nächsten Ferien wieder in den Norden fahren.» Die Töchter hatten sich abgesprochen, und es war selbstverständlich, dass Eveline dem Familienoberhaupt den für ihn erfreulichen Bescheid überbrachte.

Engagiert im Volksmusikverein und in der Damenriege

Die Familie Schlumpf ist im Kanton Graubünden seit Langem gut verankert und vernetzt. Vater Leon engagierte sich stark im Vereinsleben von Felsberg und Umgebung, debattierte gerne am Stammtisch über Fussball und spielte leidenschaftlich Handharmonika, Klavier und Handorgel. Er interpretierte hauptsächlich Ländlermusik und komponierte unter dem Pseudonym Raetus Telena Stücke, die er mit der in Felsberg beheimateten damaligen Ländlerkapelle Bernina aufführte.

Sehr zur Freude des Vaters zeigte Eveline sowohl Interesse am Sport als auch an der Handharmonika. So erstaunt es nicht, dass sie während ein paar Jahren, bis zur Geburt ihrer zweiten Tochter Giannina, den Damenturnverein präsidierte. Noch als Regierungsrätin ging sie regelmässig ins Turnen. Mitglied des Turnvereins ist sie bis auf den heutigen Tag, und später will sie sich wieder aktiv beteiligen. Daneben hat sie, wie auch ihre Schwestern, des Vaters Leidenschaft für die Volksmusik geerbt. Mit Ausnahme der Mutter, einer aufmerksamen und geduldigen Zuhörerin, spielen alle Familienmitglieder ein Musikinstrument. Jahrzehntelang wurde im Hause Schlumpf musiziert. Man trat mit der familieneigenen Gruppe an Hochzeiten und Geburtstagen auf, später, als die Enkelinnen und Enkel erste Talente beim Musizieren zeigten, auch mit der jüngsten Generation. Jahrelang kam Leon Schlumpf am Sonntagmorgen pünktlich um halb neun mit frischen Brötchen ins Haus seiner Tochter Eveline. Nach dem Frühstück machte die Familie Musik. Wie selbstverständlich gab Leon Schlumpf während Jahren den Takt an. Bis Enkelin Carmen, 14-jährig, dem Grossvater eines Tages eröffnete, der Musikstil habe nun zu ändern. Er dürfe beruhigt abgeben. «Sie haben mich einfach abgesetzt.»

Nach der Primarschule besuchte Eveline Widmer-Schlumpf das Gymnasium in Chur. In ihrer Klasse sassen fünf Mädchen und fünfzehn Buben, einer davon war ihr zukünftiger Ehemann Christoph Widmer. Im letzten Schuljahr wurden sie ein Paar. In der Kantonsschulzeit regte sich bei ihr auch das erste politische Interesse. Es galt insbesondere der Wirtschaftspolitik, wie sich Leon Schlumpf erinnert: «Bundesrat Ernst Brugger, mein Vorgänger im Volkswirtschaftsdepartement, hatte während seiner Amtszeit die konjunkturelle Überhitzung zu dämpfen. Als er in diesem Kampf gegen die überhitzte Wirtschaftstätigkeit Anfang der 1970er-Jahre einen Rückschlag erlitt, schrieb ihm meine Tochter einen Brief: Er solle sich ja nicht einschüchtern lassen.» Politisch aktiv wurde Eveline Widmer-Schlumpf in ihrer Jugendzeit als Mitglied des rätischen Jugendteams, einer liberalen Bewegung mit demokratischem Gedankengut ähnlich der Bündner SVP.

Jura-Studium in Zürich ohne Umwege

Nach der klassischen Latein-Matura Typus B liess sich Christoph Widmer an der ETH Zürich zum Ingenieur ausbilden. Eveline wählte die Jurisprudenz. In früheren Jahren hatte sie Medizin studieren und später Kinderärztin werden wollen. Während der Gymnasialzeit hatte sie am Bündner Kantonsspital denn auch ein sogenanntes «Häfeli»-Praktikum absolviert, eine Voraussetzung für das Medizinstudium. Später liebäugelte die stets auf eine korrekte Sprache achtende Eveline Widmer-Schlumpf mit dem Journalismus. In den 1970er-Jahren gab es Publizistik aber noch nicht als Hauptfach. So entschied sich Eveline Widmer-Schlumpf für die Jurisprudenz, ein Studium, das sie in einem Zug ohne Unterbruch absolvieren konnte. Sie und ihr Mann waren sich nämlich schon damals einig, dass sie gleich nach dem Studium eine Familie gründen wollten.

Im Herbst 1976 schrieb sie sich an der Rechtswissenschaftlichen Fakultät der Universität Zürich ein. Einen Tag vor Semesterbeginn traf der spätere Glarner Regierungsrat, Nationalrat und Preisüberwacher Werner Marti die ihm damals noch unbekannte Bündnerin im Zug nach Zürich. Sie kamen ins Gespräch, ohne zu wissen, dass sie sich am nächsten Tag an der Uni wieder begegnen würden. «Eveline Widmer-Schlumpf war eine Studierende wie alle anderen», erinnert sich Marti. Nie strich sie heraus, dass sie die Tochter von Leon Schlumpf war, der 1979 zum Bundesrat gewählt wurde. Das wurde ihr hoch angerechnet. Niemals hätte sie wegen der Stellung ihres Vaters die Protektion oder eine pfleglichere Behandlung durch die Professorenschaft akzeptiert.

Eveline Widmer-Schlumpf konzentrierte sich ganz aufs Studium. In der Mensa, im Konditionstraining oder an anderen Treffpunkten von Studierenden sah man sie selten. «Ich glaube, ich kannte unsere Studien- und späteren Regierungsratskollegen wie den Aargauer Urs Hofmann oder den Zürcher Thomas Heiniger früher und besser als Eveline», sagt Marti. Ihre freie Zeit verbrachte sie vor allem mit ihrem späteren Ehemann. Übers Wochenende reiste das Paar jeweils ins Bündnerland. 1978, noch während des Studiums – Eveline war damals 22 Jahre alt –, gaben sie ihre Verlobung bekannt. Das Paar pflegte den Zusammenhalt in der Familie und wollte die Verlobung im Beisein aller vier Grossmütter feiern. Kurze Zeit nach der Feier verstarb eine der Grossmütter. Die Verlobung veränderte den Alltag des jungen Paars kaum. Sie wohnten weiterhin in getrennten Wohnungen: Eveline zusammen mit einer Kollegin an der Rotwandstrasse im zürcherischen Kreis 4, Christoph in einer kleinen Wohnung an der Mattengasse im Kreis 5.

Zu jener Zeit war Eveline Raucherin. Ihre Eltern hatten ihr eine ansehnliche Belohnung versprochen, sollte sie bis zu ihrer Volljährigkeit keine Zigarette in die Hand nehmen. Daran hielt sie sich. Aber kurz nach ihrem zwanzigsten Geburtstag begann sie zu rauchen: sechs Jahre lang, hin und wieder bis zu einem Päckchen Gauloises Bleues am Tag. Als sie mit ihrer ersten Tochter schwanger war, gab sie das Rauchen von einem Tag auf den anderen wieder auf.

In der Anwaltskanzlei beim ersten und einzigen Chef

1981 kehrte die Juristin ins Bündnerland zurück, um sich für das Anwaltspatent vorzubereiten und ihre Dissertation zu schreiben. Ein Auslandaufenthalt oder ein beruflicher Abstecher in einen anderen Kanton standen nicht zur Debatte. Das junge Paar wollte eine Familie gründen, was bei Mutter und Schwiegermutter auf grosse Zustimmung stiess. Sie waren noch so gerne bereit, bei der Kinderbetreuung mitzuhelfen. Zunächst wollte Eveline Widmer-Schlumpf aber das Anwaltspatent erlangen. Für das dafür notwendige Praktikum suchte sie sich den Anwalt Fortunato Vincenz aus. Genau genommen war es Vater Schlumpf, der den Praktikumsplatz für seine Tochter fand. Fortunato Vincenz, der erste und einzige Chef von Eveline Widmer-Schlumpf, war während vier Jahren Persönlicher Mitarbeiter von Regierungsrat Leon Schlumpf gewesen, anschliessend vier Jahre Sekretär des Departements Finanzen. 1978 hatte er sich als Anwalt selbständig gemacht und die Anwalts- und Notariatskanzlei Vincenz & Partner gegründet. Leon Schlumpf fragte den ehemaligen Kadermitarbeiter und Freund an, ob er seine Tochter als Substitutin aufnehmen würde. Vincenz willigte ohne Zögern ein und bereute den Entscheid nie: «Eveline war 1981 nicht nur die erste weibliche, sie war vor allem die zuverlässigste und effizienteste

Praktikantin, die ich je hatte.» Vincenz wies ihr einen Büroplatz in einer kleinen Dachkammer zu, wo sie sich überaus wohlfühlte. Er war rasch von den Fähigkeiten seiner Substitutin überzeugt und beauftragte sie schon bald mit den schwierigsten Fällen. Als er ihr nach kurzer Zeit ein kniffliges Schiedsgerichtdossier übertrug, war sie der Aufgabe aber noch nicht gewachsen. «Fortunato Vincenz kritisierte mich mit keinem Wort, sondern ging jedes Detail des Falles mit mir durch, um mir aufzuzeigen, wo ich Böcke geschossen hatte», erinnert sich Eveline Widmer-Schlumpf.

Ihre überaus gewissenhafte Arbeitsweise, ihr Gerechtigkeitssinn sowie ihre soziale Ader sind Vincenz am besten in Erinnerung geblieben. Den Beweis für ihre Sozialkompetenz hatte sie schon kurz nach ihrem Stellenantritt erbracht. Fortunato Vincenz beauftragte eines Tages seine Sekretärin, seinen neuen Mercedes für eine Dienstreise vorzufahren. Plötzlich trat Eveline in sein Büro und berichtete, es sei etwas Schreckliches passiert. «Wir haben an deinem Auto einen schweren Schaden angerichtet.» Dass sie in der Mehrzahl sprach, obwohl die Sekretärin alleine am Steuer gesessen hatte, war typisch für sie, sagt Vincenz. Da die Sekretärin sich nicht traute, dem Chef den Blechschaden zu beichten, übernahm Eveline kurzerhand diesen Part. Die praktische Denkerin vergass auch nicht anzuführen, für das Auto bestehe ja sicher eine Haftpflichtversicherung. Damit sei der Schaden zumindest finanziell tragbar.

Die objektive Wahrheitsfindung als oberstes Gebot

Lukrative oder gar schlagzeilenträchtige Mandate interessierten Eveline Widmer-Schlumpf wenig. Ihr gefielen unabhängig von der Grösse des Falls die rechtlich kniffligen Fragen. Viel lieber als das Plädieren vor Gericht war ihr die minutiöse juristische Arbeit unter Ausschluss der Öffentlichkeit. Das zeigte sich unter anderem bei einem grossen Mandat im Bereich des Finanzstrafrechts, das die Anwaltskanzlei übernommen hatte. Es war ein komplexer Fall, der jeden gestandenen Juristen gefordert hätte. Vincenz wies ihr das Dossier mit der Bemerkung zu, sie könne sich Zeit lassen. Nach weniger als einer Woche berichtete ihm seine Praktikantin, sie könne den Mandanten nicht verteidigen. In ihren Augen sei der Klient schuldig, und sie könne es nicht mit ihrem Gewissen vereinbaren, ihn vor Gericht zu vertreten. Es brauchte grosse Überzeugungskraft seitens des Chefs, bis sie sich erneut in die juristischen Abklärungen vertiefte und schliesslich ein sehr gutes schriftliches Plädoyer ablieferte. Detailliert hatte sie alle rechtlichen Finessen und Möglichkeiten abgeklärt und aufgezeigt. Das Plädieren, darauf beharrte Eveline Widmer-Schlumpf, musste aber ihr Chef übernehmen. Er hielt sich wortgetreu an ihre Abklärungen und an ihr Plädoyer. Mit der Folge, dass der Mandant während der Urteilsberatung meinte, nun glaube selbst er an seine Unschuld.

Die objektive Wahrheitsfindung war für Eveline Widmer-Schlumpf immer schon oberstes Gebot. Sie ist keine typische Parteianwältin, die diese Maxime zugunsten des Klienten auch einmal hintenanstellt. Es überrascht denn auch wenig, dass sich Eveline Widmer-Schlumpf nach dem Praktikum und der Arbeit als Rechtsanwältin später entschied, einer Gerichtstätigkeit nachzugehen. Diese Stellung entsprach ihrem Wesen besser. Eine Richterin darf weder für den Kläger noch für den Beklagten Partei ergreifen, sondern hat ungeachtet allfälliger Sympathien das Recht objektiv anzuwenden.

Eveline Widmer-Schlumpf habe sich aber nicht nur durch ihre Objektivität ausgezeichnet, sondern auch durch ihren Arbeitseinsatz, sagt Vincenz. Sie sei wegen ihres Fleisses und ihrer Präzision eine geschätzte Kollegin gewesen. Hierarchien respektierte sie, richtete ihr Verhalten aber nicht danach aus. Auch Gleichbehandlung und gerechtes Verhalten seien ihr wichtig gewesen. Kaum je habe sie ein böses Wort über jemanden fallen lassen. «War sie nicht einverstanden, runzelte sie die Stirn», sagt der Anwalt. «Das genügte mir, um zu wissen, dass ich auf dem Holzweg war.»

Geburt von Carmen Ladina und Tod der Schwester

War Eveline Widmer-Schlumpfs Leben bisher in geordneten Bahnen verlaufen, änderte sich dies am 30. April 1983 schlagartig. An diesem Tag verunfallte ihre jüngere Schwester Carmen. Eveline Widmer-Schlumpf war mit ihrem ersten Kind im neunten Monat schwanger, als ihre Schwester nach dem unverschuldeten Verkehrsunfall ins Koma fiel. Sie starb am 26. Mai, ohne ihre fünf Tage zuvor geborene Nichte Carmen Ladina gesehen zu haben. Der Schock und die Trauer waren riesig. Eveline Widmer-Schlumpf zog vorübergehend nach Bern, wo die Eltern seit der Wahl von Bundesrat Leon Schlumpf während der Woche wohnten. Es war weder für ihren Mann Christoph noch für sie selbst je eine Frage, wie die Prioritäten zu setzen waren. So verbrachte Eveline mehrere Monate mit der neugeborenen Tochter in Bern, während der junge Vater Christoph seiner Arbeit als Kadermitglied eines Ingenieurbüros in Chur nachging. Zusammen kam die junge Familie nur am Wochenende. Nach schwierigen Monaten nahm Eveline Widmer-Schlumpf ihre Teilzeitstelle als Aktuarin beim Bündner Kantonsgericht ad hoc wieder auf. Sie hatte diese Arbeit bereits 1981 begonnen und bis 1983 neben der Tätigkeit in der Anwaltskanzlei Vincenz ausgeübt.

Am 12. März 1985 kam die zweite Tochter Giannina Leonie mit einem schweren Herzfehler zur Welt. Eveline Widmer-Schlumpf steckte ihre beruflichen Pläne zurück, um hauptsächlich für die Familie da zu sein. Als Giannina Leonie über den Berg war, kehrten die intellektuellen Ansprüche zurück. Abends, wenn die beiden Kinder im Bett waren, vertiefte sich Eveline Widmer-Schlumpf in die Vorbereitungen für die Notariatsprüfung. «Tagsüber kümmerte ich mich voll und ganz um die Kinder, freiwillig und gerne. Aber abends musste und wollte ich meinen Kopf intellektuell anstrengen, auch, um angesichts der gesundheitlichen Schwierigkeiten meiner Tochter auf andere Gedanken zu kommen.» Zudem hatte eine Diskussion in einer reinen Männerrunde am Gericht sie, die sie zufällig mithörte, angestachelt: Bevor eine Frau im Kanton Graubünden die Notariatsprüfung mache, gehe ein Kamel durch ein Nadelöhr, hatte einer der Juristen behauptet. 1986 bestand Eveline Widmer-Schlumpf als erste Frau die Bündner Notariatsprüfung.

Ein Jahr später begann sie mit den Vorarbeiten für eine Dissertation. Sie hatte sich – ohne Zutun des Vaters – für eine

Arbeit in Medienrecht entschieden: «Obwohl ich 1984 mit dem Radio- und Fernsehartikel die Grundlagen für ein Nebeneinander von SRG und privaten elektronischen Medien gelegt hatte und meine Tochter zu diesem Thema ihre Doktorarbeit verfasste, fragte sie mich nie nach meiner Meinung.» Die Dissertation aber widmete sie ihren Eltern.

Auf dem Weg zu einer Richterkarriere

Bereits 1985 war die SVP mit der Anfrage an Eveline Widmer-Schlumpf herangetreten, für das Kreisgericht Trin zu kandidieren. Die SVP war auf der Suche nach einer fähigen Person mit juristischer Ausbildung, vorzugsweise einer Frau. Die Wahl war somit rasch auf Eveline Widmer-Schlumpf gefallen. Mit erworbenem Anwaltspatent, zwei Kleinkindern und dem Bedürfnis, wieder mit einem kleinen Arbeitspensum beschäftigt zu sein, kam dieses Anliegen für sie zur rechten Zeit.

Nach kurzer Bedenkzeit willigte sie ein, sich zur Wahl zu stellen, und wurde problemlos gewählt. Die Kreisgerichtstätigkeit war zum damaligen Zeitpunkt eine willkommene Chance, konnte die junge Mutter und Juristin die Arbeitszeiten doch mehrheitlich selbst einteilen.

Eveline Widmer-Schlumpf übte diese Tätigkeit während zwölf Jahren, die letzten sechs davon als Kreispräsidentin, mit Freude aus. Einerseits war das Amt vielseitig, umfasste es doch Strafverfahren in erster Instanz, einfachere Zivilverfahren sowie Belange des Schuldbetreibungs- und Konkursrechts. Andererseits gefiel Eveline Widmer-Schlumpf die richterliche

Tätigkeit, die ihrem Gerechtigkeitssinn und ihrer sozialen Ader ideal entsprach. Sie musste auch nicht immer klar trennen zwischen ihrer offiziellen Tätigkeit und ihrer Freiwilligenarbeit: etwa wenn sie einer bedürftigen AHV-Bezügerin beim Beantragen von Ergänzungsleistungen oder einer Nachbarin beim Verfassen eines Ehevertrags half. Im Notfall ging sie für eine juristische Abklärung oder eine dringende Beratung auch an Sonntagen in ihr Büro. «Sie war weniger Kreispräsidentin denn Mensch», erinnert sich Hedi Luck-Fasciati.

Acht Jahre lang Vizepräsidentin der SVP Graubünden

Neben ihrer richterlichen Tätigkeit war Eveline Widmer-Schlumpf auch politisch engagiert. 1981 war sie der SVP beigetreten und wirkte fortan als Kassiererin der Ortsgruppe Felsberg. Kurz vor der Geburt ihres Sohnes Ursin am 2. November 1989 übernahm sie das Vizepräsidium der Kantonalpartei. Der damalige designierte Parteipräsident Gieri Luzi erinnert sich an die erste offizielle Begegnung mit ihr, die ihn etwas überrascht hatte: «Ich bin die Eveline», habe sie sich ihm vorgestellt. Dass sie dem zehn Jahre älteren SVP-Grossrat unaufgefordert gleich das Du angetragen habe, sei schon etwas gar selbstbewusst gewesen.

So ungleich Präsident und Vizepräsidentin waren, so gut ergänzten sie sich: hier das langjährige Partei- und Grossratsmitglied Gieri Luzi, Ingenieur auf dem zweiten Bildungsweg, technisch orientiert, da die noch junge promovierte Juristin mit Anwaltspatent. «Sie war die akademisch geschulte Logikerin, präzis, genau und sattelfest in den Dossiers», sagt

Luzi. Er sei enorm froh gewesen über ihre politischen Stellungnahmen, die immer Hand und Fuss gehabt hätten. «Manchmal kam sie mir allerdings etwas schulmeisterlich vor, zum Beispiel, wenn sie ihre Anmerkungen in den Manuskripten handschriftlich mit Rotstift markierte.» Noch heute kommentiert und korrigiert Eveline Widmer-Schlumpf alle Texte, die sie zur Durchsicht erhält, in gut lesbarer Blockschrift. Die korrekte Sprache ist ihr dabei ebenso wichtig wie der Inhalt.

Eveline Widmer-Schlumpf war schon damals eine unermüdliche Schafferin. Die Geselligkeit – zur richtigen Zeit am richtigen Ort – kam dabei aber nicht zu kurz. An privaten Anlässen habe sie auch das Vorurteil widerlegt, eine strenge, stets disziplinierte Person zu sein, die nichts von sich preisgebe und auf Distanz bedacht sei, sagt Luzi. An Fraktionsessen kam es durchaus vor, dass sie bis in die frühen Morgenstunden sitzen blieb. «Sie hat dann schon mal eine Schnapsrunde offeriert und problemlos mitgehalten.»

Gespanntes Verhältnis zur Zürcher SVP

Ein wesentlicher Teil der Parteiarbeit betraf die Beziehung der SVP Graubünden zur Zürcher Sektion und damit auch zu Christoph Blocher, dem damaligen Kantonalzürcher SVP-Präsidenten und Zürcher Nationalrat. Das Verhältnis der beiden kantonalen Parteien war seit Jahren angespannt. Schon Vater Leon Schlumpf hatte sich mit dem zunehmend schärferen Ton und den immer unterschiedlicheren Ausrichtungen der beiden Kantonalparteien schwergetan. Das fiel insofern ins Gewicht, als er als Mitglied der Demokraten im Nationalrat gesessen hatte und für den Zusammenschluss der Bauern-, Gewerbe- und Bürgerpartei mit der SVP im Jahre 1971 mitverantwortlich gewesen war. Die Situation zwischen den beiden Kantonalparteien spitzte sich 1992 im Vorfeld der Abstimmung über einen Beitritt der Schweiz zum Europäischen Wirtschaftsraum (EWR) zu. Eveline Widmer-Schlumpf setzte sich mit zahlreichen Bündner Kollegen genauso vehement für einen EWR-Beitritt ein, wie sich Christoph Blocher dagegen aussprach. Noch angespannter wurde die Beziehung nach der Veröffentlichung des berühmt-berüchtigten Messerstecher-Inserats der SVP. Darin greift ein Mann mit erhobenem Messer eine Frau an, darunter stehen die Worte: «Das haben wir den Linken und den ‹Netten› zu verdanken: mehr Kriminalität, mehr Drogen, mehr Angst.» Das Inserat erschien im Herbst 1993, unmittelbar nachdem der verurteilte Sexualmörder Erich Hauert während eines Hafturlaubs eine zwanzigjährige Frau vom Zollikerberg umgebracht hatte.

Die Bündner SVP distanzierte sich in einer klaren Stellungnahme dezidiert vom Inserat. Worauf sie von Christoph Blocher heftig angegriffen wurde. «Von da an befassten wir uns sicherlich zweimal wöchentlich mit der Zürcher Kantonalpartei», erinnert sich der damalige SVP-Kantonalpräsident Gieri Luzi. Nicht nur wegen deren Stil, sondern auch wegen Bündner Anliegen, für welche die SVP Kanton Zürich, und damit die Gesamtpartei, wenig Gehör zeigte. «Als wir beispielsweise an einer Delegiertenversammlung einen Antrag zugunsten der Förderung der Wasserkraft einreichten, gingen wir mit wehenden Fahnen unter», sagt Luzi. «Es

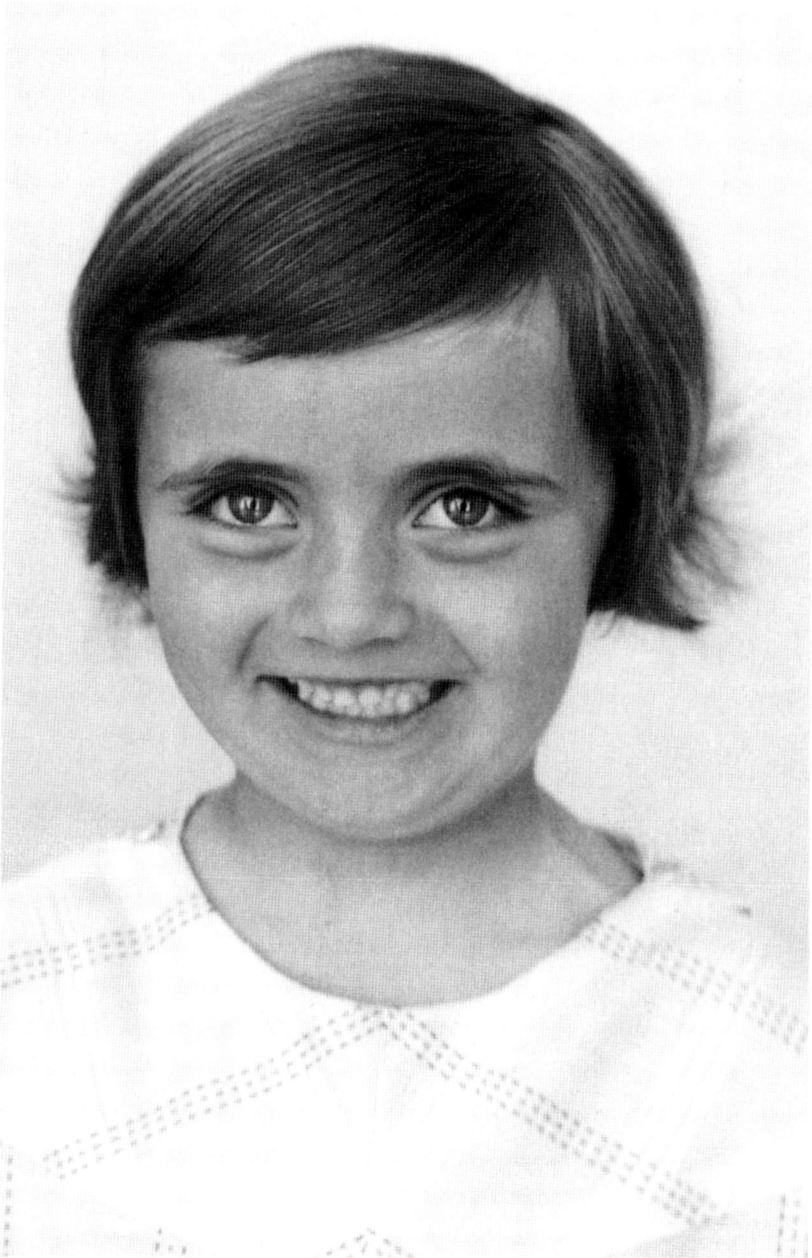

Die unbeschwerte Erstklässlerin im Jahre 1963.

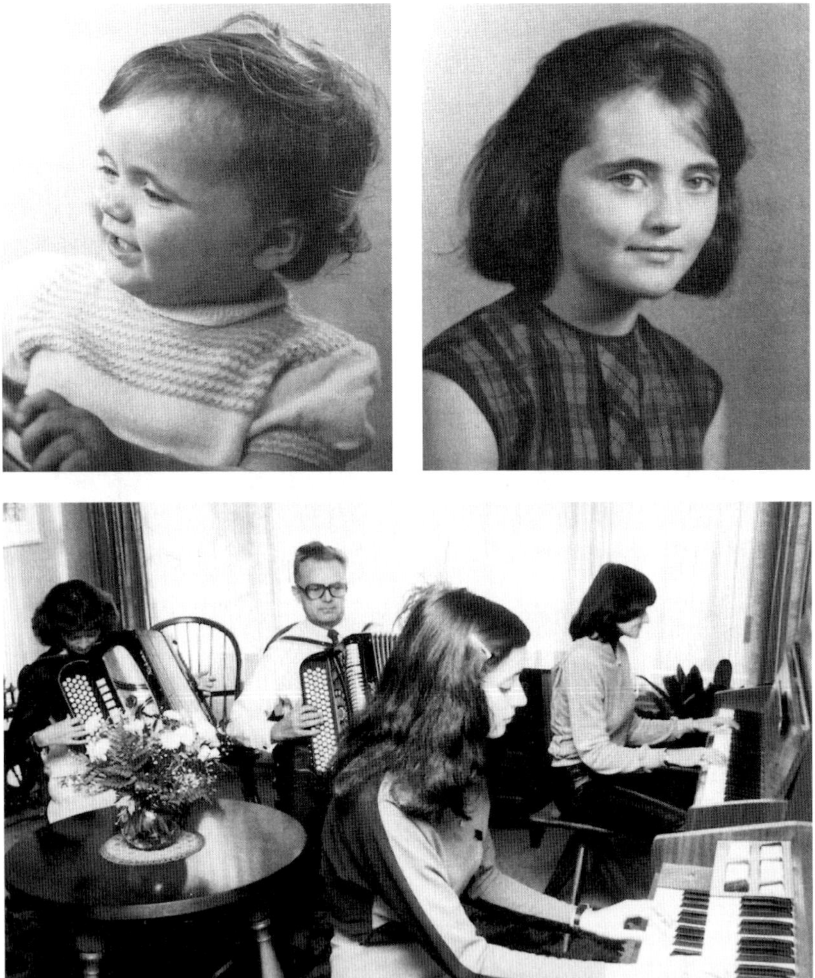

Fröhlich mit 17 Monaten (oben links), schon mit der gebotenen Ernsthaftigkeit als pflichtbewusste Drittklässlerin (oben rechts) und (unten) im Kreis der musizierenden Familie als 23-Jährige an der Handharmonika mit Vater Leon, Schwester Margot (hinten) und der jüngsten Schwester Carmen, die Opfer eines tragischen Verkehrsunfalls wurde.

Oben links: Die erste Bündner Regierungsrätin am Tag ihrer Wahl mit Ehemann Christoph und Sohn Ursin im Jahre 1998. Oben rechts: Familienferien in London 2001 mit ihren Kindern Giannina (links), Ursin, Carmen Ladina und Ehemann Christoph. Unten: Das Ehepaar Widmer-Schlumpf im Jahre 2003.

Die Unterstützung der Frauen aus der Damenriege, der Bündner Frauenzentrale und aus dem Bekanntenkreis hat sich ausbezahlt: Eveline Widmer-Schlumpf am Tag ihrer Wahl zur Bündner Regierungsrätin im Jahre 1998.

Drei wichtige Männer im Leben von Eveline Widmer-Schlumpf: Vater Leon (oben), Unterstufenlehrer Paul Nold (unten links) und Markus Feltscher (Mitte), ehemaliger Gemeindepräsident von Felsberg, Eveline Widmer-Schlumpfs Heimatort.

Nach erfolgreicher Wahl in den Bündner Regierungsrat im Jahre 1998 im Kreis von Bündner Frauen (oben) sowie mit dem damaligen Justizdirektor Peter Aliesch (unten links).

Oben: Auch an offiziellen Anlässen trägt Trachtenfrau Widmer-Schlumpf gerne die Rokoko-Tracht Imboden, etwa bei der Vereidigung des Vizekreisgerichtspräsidenten Richard Schneller (rechts). Unten: An der 1.-August-Feier 2008 in Berlin präsentierte sich der Kanton Graubünden mit 300 Bündner Bergziegen. Bundesrätin Widmer-Schlumpf überbrachte die Grussadresse.

Unterwegs in amtlicher Mission als Finanz- und Militärdirektorin im Lawinenwinter 1999.

Oben: Im Jahre 2005 mit dem Bündner Ständerat Theo Maissen (CVP) und Parteikollegin Corina Casanova, die am Tag von Widmer-Schlumpfs Wahl zur Bundesrätin zur neuen Bundeskanzlerin gewählt wurde. Unten: Der ehemalige Bündner Regierungsratspräsident Luzi Bärtsch (SVP), mitverantwortlich für Widmer-Schlumpfs Kandidatur als erste Regierungsrätin des Kantons Graubünden.

Justiz- und Polizeiministerin Eveline Widmer-Schlumpf am 8. Januar 2010.

Oben: Zu Besuch in einem rumänischen Flüchtlingslager als Vorsteherin des Justiz- und Polizeidepartements (EJPD) im Jahre 2009. Unten: Während einer Retraite des EJPD-Generalsekretariats mit Schwestern des Kurhauses Kreuz (Erlenbader Franziskanerinnen) Anfang Januar 2010.

Oben: Ehrung von Eveline Widmer-Schlumpf als Schweizerin des Jahres 2008 auf der Älggi-Alp am 20. Juni 2009 in Begleitung ihres Vaters Leon Schlumpf. Unten: An der Eröffnung der Internationalen Zollskiwettkämpfe des Grenzwachtkorps im März 2011 mit Oberzolldirektor Rudolf Dietrich, Nationalrätin Viola Amherd (CVP/VS) und Bundesweibelin Sara Notaro.

In sportlicher und legerer Form am Familientag des EJPD-Generalsekretariats im August 2010, beim Skifahren mit Ehemann Christoph im Engadin und bei einer Stollenbesichtigung als Regierungsrätin.

Oben: Spatenstich an der Agriviva am 23. März 2010. Unten links: Treffen mit US-Botschafter Donald Beyer am 13. November 2009 in Bern. Unten rechts: Auftritt der Justizministerin im Europarat in Strassburg im Mai 2010.

Anlässlich des China-Besuchs im Oktober 2010 auf der chinesischen Mauer (oben) und bei bilateralen Gesprächen mit Justizministerin Wu Aiying zu den Themen Sicherheit, Migration und Justiz (unten).

Eröffnung der Expo Sion 2010.

war fast schon ein Wunder, dass wir nicht ausgepfiffen wurden.» Graubünden als Kanton mit grossen Ressourcen an Wasserkraft oder Solarenergie zeigte sich gegenüber erneuerbaren Energien schon früh aufgeschlossen. Die Bündner SVP stellte sich deshalb nicht selten gegen die Parolen der SVP Schweiz. Beispielsweise im Jahre 2000, als die Bündner Regierung dreimal Ja zu den Energievorlagen des Bundes sagte. Von daher erstaunt nicht, dass sich Eveline Widmer-Schlumpf schon während ihrer Zeit im Bündnerland für einen Ausstieg aus der Atomenergie einsetzte. Damit entkräftet sie auch die Vermutung, sie habe sich in der denkwürdigen Bundesratssitzung vom 25. Mai 2011 opportunistisch verhalten: In jener Sitzung hatte der Bundesrat beschlossen, dass weder bestehende Atomkraftwerke am Ende ihrer Betriebsdauer ersetzt noch neue gebaut würden. «Von einem Meinungsumschwung als Bundesrätin nach der Umweltkatastrophe im japanischen Fukushima kann keine Rede sein», sagt sie.

Auch wenn sich Eveline Widmer-Schlumpf als Vizepräsidentin der Bündner SVP mit den Positionen der Zürcher Kollegen bisweilen schwertat: Sie versuchte stets, ein professionelles Verhältnis aufrechtzuerhalten. So vertrat sie später als Finanzdirektorin die Bündner Regierung traditionsgemäss an den jährlichen Generalversammlungen der Ems-Chemie. Und beim anschliessenden Mittagessen sass sie am Ehrentisch der Familie Blocher. Die wirtschaftliche Bedeutung des zweitgrössten Arbeitgebers des Kantons war der Regierungsrätin durchaus bewusst.

Auf Akquisitionstour für die SVP-Nationalratsliste

Neben den Querelen mit der SVP Zürich verwendeten Parteipräsident Luzi und seine Vizepräsidentin in den Jahren 1991 und 1995 viel Zeit und Energie für die Zusammenstellung der Nationalratsliste. Luzi hätte am liebsten auch Eveline Widmer-Schlumpf auf der Liste gesehen, doch sie wehrte sich. Ihre Kinder waren noch zu klein, um während der Session und der Kommissionssitzungen in Bern unzählige Tage und Wochen von der Mutter getrennt zu sein. Dafür war die SVP des Kantons Graubünden die erste Partei, die eine «Junge SVP»-Liste aufstellte. Das war Eveline Widmer-Schlumpf ein grosses Anliegen, und sie scheute keinen Aufwand, um überzeugende Persönlichkeiten auf die Liste setzen zu können. Gieri Luzi erinnert sich an einen jungen Mann, der in Bivio gerade den Offizier abverdiente. Eveline Widmer-Schlumpf wollte ihn unbedingt auf der Liste haben, und so beschloss man, ihn im Militärdienst aufzusuchen. Widmer-Schlumpf holte Luzi und den damaligen SVP-Nationalrat Simeon Bühler mit dem Auto ab. «Sie fuhr wie ein Henker. Und obwohl sie mich zwischendurch mal gefragt hat, ob es mir beim Autofahren übel würde, hat sie meine Antwort nicht wirklich gekümmert», sagt Luzi.

Der grosse Aufwand zahlte sich zwar nicht aus – niemand von der «Jungen SVP»-Liste schaffte es in die eidgenössischen Räte –, aber politisch ging die Rechnung dennoch auf: «Bis dahin hatte man immer gemeint, nur die Linken würden sich für die Jungen einsetzen», sagt Luzi. Indem die SVP als erste Partei eine Liste mit Jungen zusammengestellt hatte, war dieses Klischee vom Tisch. Und andere Parteien kopierten die Idee schon bald.

Graubündens erste Kreispräsidentin

1991 wurde Eveline Widmer-Schlumpf als erste Frau zur Kreispräsidentin von Trin gewählt. Zu gerne hätte sie sich einige Zeit später ans Kantonsgericht wählen lassen, doch die SVP hatte anderes mit ihr vor. Sie wollte die politisch versierte Frau bei den Erneuerungswahlen des Grossen Rats 1994 in die Legislative schicken. Anfänglich wehrte sich Eveline Widmer-Schlumpf hartnäckig, hatte sie sich doch auf eine Richterkarriere eingestellt. Es brauchte erhebliche Überzeugungsarbeit, nicht zuletzt durch ihren engen Parteivertrauten Gieri Luzi, bis sie einwilligte. Nach ihrer problemlosen Wahl fand sie allerdings rasch Spass an der Legislative, erst recht, nachdem man ihr schon in der ersten Session ein Kommissionspräsidium übertrug. Schon damals zeichnete sie sich durch ihre Dossierkenntnis aus. «Wo und wann sie sich das Detailwissen angeeignet hat, weiss ich nicht. Nicht selten hat sie sich wohl in der Nacht eingearbeitet», sagt Gieri Luzi, der zu jener Zeit die Legislative des Kantons präsidierte. «Wenn sie ein Votum abgegeben hat, dann sass es.» Jedes Wort wurde von ihr selbst formuliert, niemals hätte sie diese Arbeit abgegeben. «Sie wollte die Kontrolle, und es kam äusserst selten vor, dass sie sie verlor.»

Einer dieser seltenen Fälle betraf einen Juristen, der ebenso wie Eveline Widmer-Schlumpf im Anwaltsbüro von Fortunato Vincenz gearbeitet hatte. Ihr Verhältnis war vom ersten Tag an ein etwas spezielles. Dies wurde offensichtlich, als beide Mitte der 1990er-Jahre im Grossen Rat von Graubünden sassen: sie als SVP-Fraktionsmitglied für den Kreis Trins, er für die CVP-Fraktion in einem anderen Kreis. Als sie als

Kommissionsmitglied ein Sachthema vertrat, das der Jurist in der Luft zerriss und sie dabei persönlich angriff, kochte die Politikerin vor Wut. Sie versuchte mehrmals, zu Wort zu kommen. Der damalige Standespräsident Gieri Luzi ahnte, dass seine Parteikollegin entgegen ihrer sonstigen Sachlichkeit zu einem sehr persönlichen Gegenschlag ausholen wollte. Er bewahrte sie vor einem unüberlegten und emotionalen Ausbruch, indem er ihr das Mikrofon verweigerte. Was zwar gegen die Gepflogenheiten im Grossen Rat verstiess, Eveline Widmer-Schlumpf ihm später aber hoch anrechnete.

Von der Grossrätin zur ersten Bündner Regierungsrätin

In ihre Zeit als Grossrätin fielen im Jahre 1996 auch das Inkrafttreten des Gleichstellungsgesetzes und damit die Einrichtung einer Stabsstelle für Chancengleichheit von Frau und Mann. Sie wurde dem Departement für Finanzen und Militär angegliedert, da diesem auch der Personalbereich der kantonalen Verwaltung angehörte. Noch bevor die Stabsstelle geschaffen wurde, hatte die damalige SP-Grossrätin Rita Schlatter im Jahre 1994 einen Vorstoss eingereicht. Sie stellte sich auf den Standpunkt, es sollten mehr Teilzeitstellen in der kantonalen Verwaltung eingerichtet werden, um die Vereinbarkeit von Beruf und Familie zu erleichtern. Die SVP-Grossrätin Eveline Widmer-Schlumpf war von dieser Idee überzeugt und unterzeichnete das Postulat. Das Anliegen sollte die spätere Regierungsrätin Eveline Widmer-Schlumpf als Vorsteherin des Finanz- und Militärdepartements noch intensiv beschäftigen.

Gieri Luzi erkannte während der Zusammenarbeit mit seiner neun Jahre jüngeren Vizepräsidentin rasch, dass Eveline Widmer-Schlumpf wohl die erste Regierungsrätin des Kantons Graubünden werden würde. Er sprach sie wiederholt darauf an, und immer gab sie dieselbe Antwort: «Das sehen wir dann.» Richtig überrascht war niemand, als sie ihre Kandidatur bekanntgab. Hatte Eveline Widmer-Schlumpf sich entschieden gegen eine Nationalratskandidatur gewehrt, mit der Begründung, ihre Kinder seien noch zu klein für wochenlange Abwesenheiten, galt dieses Argument für ein Bündner Regierungsratsamt nicht. Darauf wies auch ihr Förderer Gieri Luzi wiederholt hin. Die Grossrätin hatte zudem schnell gemerkt, dass die Exekutive mehr Raum für Gestaltung bot.

Viele der Männer, die sich noch gegen die erste weibliche Kreispräsidentin ausgesprochen hatten, unterstützten sie nun darin, für das Regierungsamt zu kandidieren. Somit standen ihre Wahlchancen gut. Eveline Widmer-Schlumpf entschloss sich ohne grosses Risiko zur Kandidatur. Kaum jemand zweifelte an den Fähigkeiten der Politikerin. Und viele atmeten auf, dass nun auch der Kanton Graubünden erstmals eine Frau als Regierungsrätin präsentierte.

Für den Wahlkampf fuhr Eveline Widmer-Schlumpf kreuz und quer durch den mit 7106 Quadratkilometern flächenmässig grössten Kanton der Schweiz. Obwohl sie unzählige Podiumsdiskussionen bestritt und Interviews gab, war sie die Ruhe selbst. «Über Themen mussten wir Eveline nie orientieren, da wusste sie besser Bescheid als wir alle», erinnert sich Gieri Luzi. Er hatte 1997 das SVP-Kantonalparteipräsidium abgegeben und fand deshalb genügend Zeit, sie auf den vielen Wahlkampfreisen zu begleiten. Sie sprachen über die Leute, die mit ihr auf dem Podium sitzen würden, wie sie ihnen persönlich begegnen wollte, wie angriffig oder verständnisvoll sie sich geben sollte und mit wie vielen Zuschauern wohl zu rechnen wäre. Nicht aber über die Themen. «Die grossen persönlichen Auftritte lagen Eveline noch immer nicht. Sobald es aber um Sachpolitik ging, fühlte sie sich im Element», so Luzi.

Obwohl sie sich als Frau nie benachteiligt fühlte, habe sie doch intuitiv gemerkt, dass sie nur durch Sachkenntnisse überzeugen könne, sagt Eveline Widmer-Schlumpf. Ihren Wahlkampf bestritt sie zusammen mit dem bisherigen SVP-Regierungsrat Klaus Huber, der sie durch sein Detailwissen enorm beeindruckte. Wie er das bloss anstelle, alle Zahlen im Kopf zu haben, fragte sie ihn eines Tages. Er antwortete locker, das sei gar nicht immer der Fall, aber die genauen Zahlen könne doch niemand überprüfen. «Du musst dir eine dicke Haut zulegen, dich imprägnieren», war sein Rat.

Eine strenge, aber engagierte Mutter

Bezeichnenderweise waren es Frauen, die der Kandidatin am kritischsten begegneten. Widmer-Schlumpf musste sich in Einzelfällen anhören, sie sei eine ehrgeizige Karrieristin, die zugunsten ihres beruflichen Aufstiegs ihre drei Kinder vernachlässige. «Manchmal haben diese Stimmen tatsächlich bewirkt, dass ich mir ein schlechtes Gewissen machte», sagt Widmer-Schlumpf. Der vorbehaltlose Rückhalt ihrer Familie bestärkte sie aber in ihrem Entscheid, für den Regierungsrat zu kandidieren. Die Töchter waren 1997 selbständige Teenager, Sohn Ursin zählte mittlerweile neun Jahre.

«Wir hatten nie den Eindruck, vernachlässigt zu werden», sagt Tochter Carmen. «Unsere Mutter war streng, aber stets für uns da, wenn wir sie brauchten. Sie unterstützte uns in allem, was wir tun wollten, forderte aber immer vollen Einsatz.» Alle drei Kinder hatten wie ihre Mutter Freude an der Musik und spielten eines oder mehrere Instrumente. «Wollten wir ein neues ausprobieren, erlaubte es unsere Mutter. Aber wir mussten mindestens ein Jahr lang dabei bleiben. Mit ‹halben Sachen› konnte sie sich noch nie anfreunden.» Dasselbe galt für die verschiedenen Sportarten, welche die Kinder ausübten.

Wichtig war der Mutter vor allem ein strukturierter Tagesablauf. «Jeden Morgen weckte sie uns, indem sie in unsere Zimmer trat, die Fenster öffnete, die Bettdecke gleich selbst zum Lüften hinaus auf den Balkon trug und uns aufforderte aufzustehen und zu frühstücken», sagt Tochter Carmen. Eveline Widmer-Schlumpf legte, auch wenn sie in den frühen Morgenstunden nur Kaffee trinkt, grossen Wert auf ein gemeinsames Frühstück. Während der Kantonsschulzeit fuhr sie die Kinder auf dem Weg ins Regierungsgebäude zur Schule. Wenn die Töchter eine Freistunde hatten, kam es nicht selten vor, dass sie die Mutter im Regierungsgebäude besuchten. «War sie nicht in einer Sitzung, fand sie fast immer Zeit für einen Kaffee.» Schmunzelnd erzählt Tochter Carmen von den Diskussionen, wenn die Kinder ab und zu den Wunsch verspürten, eine Stunde zu schwänzen. «Das kam selbstredend nicht infrage. Unsere Mutter rechnete uns jeweils vor, wie viel wir den Kanton als Gymi-Schüler kosteten.»

Alle drei Kinder machten die Matura. Die älteste Tochter Carmen ist heute als Gerichtsschreiberin tätig, Giannina als Sekundarlehrerin, und Sohn Ursin studiert Trompete und Klavier an der Hochschule der Künste in Bern. Noch heute spielt die Musik in der Familie Widmer-Schlumpf eine grosse Rolle. Fast schon generalstabsmässig wird unter der Leitung der Kinder für Familienfeiern geprobt. Als Tochter Carmen heiratete, Eveline Widmer-Schlumpf war damals schon Bundesrätin, wurde fünfstimmig gesungen. Da die diesbezüglichen Leistungen der Mutter in den Ohren des Sohnes Ursin zu wünschen übrig liessen, suchte er sie in ihrer Berner Wohnung auf, um mit ihr zu üben.

Scheitern mit der vorgeschlagenen Steuererhöhung

Im Jahre 1998 waren gleich drei Vakanzen in der Bündner Regierung zu besetzen. Zur Wahl stellten sich Claudio Lardi, Stefan Engler und Eveline Widmer-Schlumpf. Alle drei wurden gewählt, die erste Frau in der Bündner Exekutive mit dem besten Ergebnis. Dass Eveline Widmer-Schlumpf per 1. Januar 1999 das Finanzdepartement übernehmen würde, war keine grosse Überraschung. Sie hatte im Grossen Rat schon die Wirtschaftskommission, damals eine Ad-hoc-Kommission, präsidiert. Zudem sagte ihr das Querschnittsdepartement auch deshalb zu, weil sie ihre bisherige berufliche Erfahrung als Juristin einbringen konnte. Rasch arbeitete sie sich in das neue Amt ein. Sie übernahm keine leichte Aufgabe, waren die Finanzen doch etwas aus dem Lot geraten. Die Finanzdirektorin schlug dem Grossen Rat zunächst vor, den Staatshaushalt über zwei Schienen in die schwarzen Zahlen zu bringen. Zum einen über eine zehnprozentige Steuererhöhung und zum anderen über rasch umsetzbare Sparmassnahmen, die das gleiche Volumen einbringen sollten wie die Steuererhöhung. Der Grosse Rat war damit nicht einverstanden. Er forderte die Regierung auf, eine Vorlage zu formulieren, welche die notwendige Entlastung des Staatshaushaltes ausschliesslich über Sparmassnahmen zu realisieren ermöglichte. Also machte sich Eveline Widmer-Schlumpf mit ihren Mitarbeiterinnen und Mitarbeitern erneut an die Arbeit. Zusammen mit ihren Regierungskollegen, deren Stäbe in diesem Prozess mitwirkten, legte sie nach wenigen Monaten eine Sparvorlage ohne Steuererhöhung vor. Diese stiess im Grossen Rat dann auf breite Akzeptanz. Für verschiedene der vorgeschlagenen Massnahmen war eine gesetzliche Grundlage erforderlich. Die Stimmbürgerinnen und Stimmbürger, die in der Volksabstimmung darüber zu befinden hatten, stimmten den Sparmassnahmen mit grossem Mehr zu.

Das Sparpaket, das die Regierungsarbeit von Eveline Widmer-Schlumpfs letzten Legislaturjahren prägte, zwang alle Departemente, eigene Massnahmen zu ergreifen. Im Finanzdepartement stand rasch einmal das Gleichstellungsbüro zur Debatte, bei dem verschiedene Politiker eine leicht umzusetzende Sparmöglichkeit sahen. «Es ist einzig und allein Eveline Widmer-Schlumpf zu verdanken, dass wir keine Haare lassen mussten», sagt Silvia Hofmann, Leiterin des Bündner Gleichstellungsbüros. Die Mitarbeitenden erachteten diesen Einsatz nicht als selbstverständlich. «Gleichstellungsthemen sind nicht selten sehr emotional orientiert. Eveline Widmer-

Schlumpf aber ist eine der Sachlichkeit verpflichtete Person. Das machte die Verteidigung dieser auch emotional zu vertretenden Anliegen nicht immer einfach», sagt Hofmann. Es kam allerdings doch hin und wieder zu unsachlichen Äusserungen. Dann nämlich, wenn sich männliche (Partei-)Vertreter gegen die Anliegen des Gleichstellungsbüros stellten, wie sich Hofmann erinnert. «Emanzipiert euch zuerst einmal, dann schauen wir weiter», habe Eveline Widmer-Schlumpf den Männern in einer Diskussion geantwortet.

Chefin des Bündner Gleichstellungsbüros

Eveline Widmer-Schlumpf hat den Aufbau von Krippenplätzen stets gefördert. Vor allem aus volkswirtschaftlichen Gründen. Frauen sollten ihre Erwerbstätigkeit nicht wegen fehlender Kinderbetreuungsmöglichkeiten aufgeben müssen. Selbst hat sie die familienexterne Betreuung nie beansprucht. Nicht etwa, wie sie betont, weil dies im zwar bürgerlichen, aber liberalen Hause Widmer-Schlumpf auf wenig Akzeptanz gestossen wäre. Sondern, weil die Mutter und auch die Schwiegermutter das Betreuen der Grosskinder noch so gerne übernahmen. Auch für Schulthemen engagierte sich Eveline Widmer-Schlumpf vehement, «allerdings vor allem in den Zeiten, in denen sie betroffen war, als nämlich ihre eigenen Kinder zur Schule gingen», sagt Silvia Hofmann. Das ausgeprägte Rechtsempfinden der Regierungsrätin obsiegte ab und zu über Gleichstellungsanliegen. Eine verwaltungseigene Krippe für die Churer Mitarbeitenden beispielsweise wurde in ihrer Ära nie eingeführt. Die in Verwaltungsgebäuden ausserhalb der Kantonshauptstadt tätigen Mitarbeitenden wären dadurch benachteiligt gewesen.

Eveline Widmer-Schlumpf hatte meistens ein offenes Ohr für Frauenanliegen. Die langjährige Präsidentin der Bündner Frauenzentrale, Hedi Luck-Fasciati, erinnert sich, dass sie ihr Ehrenmitglied einmal anging, als die Organisation in finanziellen Nöten war. Man ass zusammen zu Mittag und besprach die Situation. Widmer-Schlumpf versprach zu helfen. Am Ende des Gesprächs wollten die Vertreterinnen der Frauenzentrale die Rechnung begleichen. Was Eveline Widmer-Schlumpf ernsthaft ärgerte: «Wenn ihr schon kein Geld habt, dann sollt ihr mich auch nicht einladen.»

Eine aktive Präsidentin der Finanzdirektorenkonferenz

Als kantonale Finanzdirektorin wurde Eveline Widmer-Schlumpf 1999 auch Mitglied der Finanzdirektorenkonferenz (FDK). Im Jahre 2001 übernahm sie deren Präsidium. Zwei gewichtige Vorlagen prägten ihre Präsidialzeit. Die erste betraf die sogenannte Goldinitiative der SVP Schweiz. Sie war im Zuge der internationalen Kritik am Verhalten der Schweiz während des Zweiten Weltkrieges entstanden. Im März 1997 hatte Bundesrat Arnold Koller, damaliger Chef des Justiz- und Polizeidepartements, die Gründung einer Solidaritätsstiftung vorgeschlagen. Sie sollte aus nicht mehr benötigten Goldreserven der Schweizerischen Nationalbank (SNB) gespeist werden. Die SVP lehnte die Solidaritätsstiftung als «Resultat einer Erpressung» entschieden ab. Drei Jahre später präsentierte der Bundesrat ein Konzept, wie das überschüssige

Gold der SNB zu verwenden sei: 500 Tonnen Gold oder maximal sieben Milliarden Franken würden auf die Solidaritätsstiftung entfallen, die restlichen 800 Tonnen würde man für den Schuldenabbau bei Bund und Kantonen oder für eine Bildungsoffensive und die AHV verwenden. Im Oktober 2000 reichte die SVP ihre «Goldinitiative» ein, gemäss der alles überschüssige SNB-Gold der AHV zufliessen sollte. Damit wollte sie die Solidaritätsstiftung verhindern. Das eidgenössische Parlament präsentierte einen Gegenvorschlag: Der Erlös aus dem Verkauf der 1300 Tonnen Gold der SNB sollte einem rechtlich selbständigen Fonds übertragen werden. Dieser würde seine Gelder während dreissig Jahren je zu einem Drittel an die AHV, die Kantone und die Solidaritätsstiftung übertragen.

Die Finanzdirektorenkonferenz lehnte die SVP-Initiative ab, unterstützte aber den Gegenvorschlag. Allerdings gab es Kantonsvertreter, denen der politische Kompromiss zu weit ging und die sich deshalb für ein doppeltes Nein einsetzten. Auch Eveline Widmer-Schlumpf war die Enteignung des Kantonsvermögens ein Dorn im Auge, haben die Kantone gemäss Verfassung doch einen Anspruch auf zwei Drittel der Nationalbankgewinne. Doch sie billigte die Dreiteilung des Vermögens auf AHV, Kantone und Bund als politisch tragbaren Kompromiss. Zumal die Verteilungsfrage vor Ablauf der dreissig Jahre unter Berücksichtigung der Kantonsinteressen nochmals neu beurteilt worden wäre. Die Abwägung erübrigte sich dann insofern, als beide Vorlagen am 22. September 2002 am Ständemehr scheiterten.

Mit der Schweizerischen Nationalbank beschäftigte sich Eveline Widmer-Schlumpf ab 2004 besonders intensiv. Denn sie wurde als Vertreterin der Kantone in den SNB-Bankrat gewählt. Auch in dieser Funktion vertrat sie die Anliegen der Kantone loyal – was in den Jahren ihrer Amtszeit allerdings auch einfach war: Zwischen 2004 und 2007 war der Gewinn der Nationalbank, anders als heute, beträchtlich.

Das zweite Geschäft, das die Finanzdirektorenkonferenz in gehörigem Masse beschäftigte, betraf eine Steuervorlage. Im Juni 2003 verabschiedeten die eidgenössischen Räte das Steuerpaket 2001 mit einer Neuordnung der Familienbesteuerung, einer Änderung in der Wohneigentumsbesteuerung sowie mit Erleichterungen bei der Stempelabgabe. Damit werde «das schweizerische Steuersystem modernisiert und gerechter gestaltet», wurde betont. Gleichzeitig empfahl das Parlament den Kantonsregierungen, die Konsequenzen des Steuerpakets für ihren Kanton zu prüfen. Das tat vor allem die FDK gründlich. Sie stiess sich einerseits an der Einmischung des Bundes in die Steuerhoheit von Kantonen und Gemeinden und andererseits an den erheblichen Steuerausfällen, welche die Kantone und Gemeinden hinzunehmen hätten. Bis zu 500 Millionen jährlich würden ihnen bei Annahme der Vorlage verloren gehen, rechneten sie vor. Eveline Widmer-Schlumpf hatte in ihrem Kanton gerade ein einschneidendes Struktur- und Sparprogramm umgesetzt. Die durch das Steuerpaket des Bundes anfallenden Mindereinnahmen seien deshalb nicht mehr zu verkraften, betonte sie im Einklang mit anderen Finanzdirektoren. FDK-Präsidentin Eveline Widmer-Schlumpf und Vizepräsident Christian Wanner (FDP, Solothurn) beschlossen nach eingehenden Diskussionen, das Kantonsreferendum zu ergreifen. Elf Kantone zogen mit, und genau elf Stände braucht es für ein

Kantonsreferendum. Sie standen damit vor der grossen Herausforderung, eine aktive und federführende Rolle im Abstimmungskampf zu spielen. Ihnen gegenüber präsentierte sich ein breit abgestütztes Pro-Komitee, das nur schon finanziell auf erhebliche Mittel zählen konnte. Der Abstimmungskampf war überaus heftig. Die Gegner der Vorlage mussten sich in Inseraten als «Lügner» betiteln lassen, als Totengräber der kleinen und mittleren Einkommen. Bürgerliche Parteien drohten ihren bürgerlichen Finanzdirektoren, sie bei den nächsten Wahlen nicht mehr aufzustellen, sollten sie das Steuerpaket wirklich aktiv bekämpfen. Sie taten es trotzdem und konnten am 16. Mai 2004 einen historischen Sieg feiern: Erstmals seit der Gründung des Bundesstaates im Jahre 1848 kam ein Kantonsreferendum nicht nur zustande, sondern wurde vom Volk auch angenommen.

Der Fall Aliesch

Nicht nur das einschneidende Sparpaket, das die Bündner Regierung im Jahre 2002 dem Grossen Rat vorlegte, auch die «Affäre Aliesch» prägte die Legislaturperiode 1999–2003. Peter Aliesch, der seit 1991 das Departement für Justiz, Sicherheit und Gesundheit führte, war ein allseits beliebter und bekannter Regierungsrat; nicht zuletzt wegen seiner früheren Tätigkeiten als Direktor des Bündner Gewerbeverbands und langjähriger FDP-Nationalrat. 2001 begann die Bezirksanwaltschaft des Kantons Zürich gegen den griechischen Financier Panagiotis Papadakis zu ermitteln. Am 16. Juli 2001 beantragte sie beim Kanton Graubünden ein Strafverfahren wegen Verdachts auf passive Bestechung und verbotene Annahme von Geschenken. Zwischen Ende 1997 und Anfang 2000 hatten Regierungsrat Peter Aliesch und seine Partnerin eine freundschaftliche Beziehung zu Papadakis und zu dessen Ehefrau gepflegt. Papadakis lud sie mehrmals zu Ferien nach Griechenland ein und finanzierte ihnen den Aufenthalt in einem St. Moritzer Luxushotel. Zudem schenkte Frau Papadakis der Partnerin des FDP-Politikers einen gebrauchten Pelzmantel. Aliesch, so der Vorwurf, habe dem seit 1993 in Graubünden domizilierten Papadakis möglicherweise Aufenthalts- und Arbeitsbewilligungen verschafft.

Der ganze Kanton Graubünden war nach Bekanntwerden dieser Vorwürfe in Aufruhr. Der Fall sorgte aber auch weit über die Kantonsgrenzen hinaus für Schlagzeilen. Im August wurde Regierungsrat Aliesch teilsuspendiert, man entzog ihm einen Teil seiner Aufgaben. Trotzdem blieb der Justizdirektor bis zum Ende der Legislaturperiode im Jahre 2002 im Amt. Als Parteiloser, denn er war 2001 infolge des Skandals aus der FDP ausgetreten. Das Strafverfahren wurde zehn Monate später eingestellt, weil Aliesch sich zwar politisch leichtfertig, juristisch aber korrekt verhalten hatte. 2004 sprach ihm das Bundesgericht eine Entschädigung von 45 000 Franken durch den Kanton Graubünden zu, da ihm kein schuldhaftes Verhalten zur Last gelegt werden konnte. Das Verfahren gegen Papadakis endete 2006 vor dem Zürcher Obergericht: Er wurde vom Betrugsvorwurf freigesprochen, aber wegen illegaler Beschäftigung einer Sekretärin zu einer bedingten Strafe verurteilt.

Bis heute wird der damaligen Regierungspräsidentin Eveline Widmer-Schlumpf angekreidet, sie habe einen Kollegen ohne Not fallen lassen und Aliesch damit vorverurteilt. Die Regierung hatte sich aber dazu gezwungen gefühlt, um eine politische Handlungsunfähigkeit zu vermeiden. Die mangelnde Distanz zum griechischen Financier, der die gesamte Spitze der Justizdirektion zu Festivitäten eingeladen hatte, machte die Situation sehr schwierig. Auf Initiative der vier Fraktionspräsidenten wurde denn auch ein Postulat eingereicht, das die Regierung aufforderte, Aliesch weitere Aufgaben zu entziehen. Der Vorstoss wurde von 110 Mitgliedern des 120-köpfigen Parlamentes unterzeichnet.

Die letzte Amtsperiode als Regierungsrätin

Der Regierungssitz von Peter Aliesch, der nicht mehr zur Wiederwahl antrat, wurde 2003 durch den Freisinnigen Martin Schmid besetzt. Die Stimmung im Regierungsgremium war gut, zumal auch das Sparpaket Wirkung zeitigte: Im Jahre 2006 konnte der Kanton zum dritten Mal in Folge ein positives Rechnungsergebnis vorweisen. Mit einem Überschuss von 121 Millionen Franken war es sogar der beste Abschluss in der Geschichte des Kantons. Bis heute, betont Eveline Widmer-Schlumpf stolz, profitiere Graubünden vom Resultat der Sparmassnahmen, die von der gesamten fünfköpfigen Regierung und vom Grossen Rat mitgetragen und umgesetzt worden waren.

Für die Regierungsratswahlen 2007 traten alle Bündner Regierungsmitglieder geschlossen mit einem gemeinsamen Wahlauftritt an. Eine einmalige Situation im Kanton Graubünden. Alle wurden glänzend wiedergewählt. Für Eveline

Widmer-Schlumpf begann damit ihre letzte Amtsperiode, gilt in Graubünden doch die zwölfjährige Amtszeitbeschränkung. Ihre Regierungskollegen schätzten sie als dossierfeste Charakterpersönlichkeit. Dem einen oder anderen stiess ihr ausgeprägtes Rechtsempfinden ab und zu auf, da diese Haltung – so die Meinung – einer pragmatischen Lösung gelegentlich im Wege stand. Dass Eveline Widmer-Schlumpf die Geselligkeit etwas weniger wichtig war als ihren männlichen Kollegen, nahmen diese mit Humor: «Wenn Eveline Regierungspräsidentin war, bestanden die Regierungsmittagessen aus drei Gängen. Wenn es ein anderes Regierungsmitglied war, assen wir wieder fünf Gänge», sagt der Bündner BDP-Regierungsrat Hansueli Trachsel lachend.

Eine der wenigen kulinarischen Leidenschaften Eveline Widmer-Schlumpfs gilt der Schokolade. Mit einem Augenzwinkern überreichte die Bündner Frauenzentrale ihrem Ehrenmitglied beim Wechsel nach Bern ein Steinbockgeweih aus Schokolade. Als Kontrast zum «echten» Geweih, das ihr die Bündner Regierungskollegen zum Abschied schenkten. Was bei ihr auf gemischte Gefühle stiess: Als Eveline Widmer-Schlumpf 1999 ihr Amt als Regierungsrätin angetreten hatte, hatte sie darum gebeten, ein paar der im Regierungskeller hängenden Steinbockgeweihe zu entfernen. Obwohl sie als ehemalige Kreispräsidentin auch Verstösse gegen Jagdvorschriften ahnden musste und sich mit den Jägern im Allgemeinen sehr gut vertrug, waren ihr die lebenden Tiere lieber als die Jagdtrophäen.

Im Vorfeld der historischen Bundesratswahl vom 12. Dezember 2007

Die erste und bis zu diesem Zeitpunkt immer noch einzige Bündner Regierungsrätin stand kurz vor ihrem zehnten Amtsjahr, als am 12. Dezember 2007 die Gesamterneuerungswahl des Bundesrats stattfand. Es galt, den SVP-Sitz von Bundesrat Christoph Blocher zu verteidigen, den die Partei 2003 auf Kosten der CVP gewonnen hatte. Die Partei stellte sich geschlossen hinter ihren Bundesrat. Es war absehbar, dass SP, Grüne und wohl auch einige Vertreterinnen und Vertreter von CVP und FDP den umstrittenen Bundesrat nicht mehr unterstützen würden. Je näher der Wahltag kam, desto häufiger wurden SVP-Persönlichkeiten genannt, die für die Mehrheit der Bundesversammlung wählbarer waren als der polarisierende Vorsteher des Justiz- und Polizeidepartements. Einer dieser oft genannten Namen war jener von Regierungsrätin Eveline Widmer-Schlumpf. Dies war kein Zufall, hatte die SVP-Parteispitze sie doch bei früheren Gelegenheiten als geeignete Bundesratskandidatin ins Spiel gebracht; nämlich dann, wenn die SVP Schweiz den Vorwurf kontern musste, sie verfüge über keine fähigen Kandidaten und schon gar nicht Kandidatinnen. In solchen Momenten galt Eveline Widmer-Schlumpf in den Worten des damaligen SVP-Parteipräsidenten als «eine sehr valable Bundesratskandidatin, eine der kompetentesten Politikerinnen hierzulande».

Eveline Widmer-Schlumpf wurde im Vorfeld der Bundesratswahl von Parteipräsident Ueli Maurer auf das unwahrscheinliche Szenario einer Wahl angesprochen und auf ihr Verhalten in einem solchen Fall. Mit reellen Wahlchancen rechnete sie genauso wenig wie alle anderen, inklusive SP und SVP Schweiz. Sie vertrat gegenüber Ueli Maurer die Haltung, dass sie sich nicht vorstellen könne, das Bundesratsmandat bei einer allfälligen Wahl ohne Fraktion im Rücken auszuüben.

Ihr enger Vertrauter Gieri Luzi, der sie wiederholt auf eine Bundesratskandidatur angesprochen hatte, bekam während Jahren stets dieselbe Antwort zu hören: «Das ist nicht mein Ziel.» Auf die Frage der *Südostschweiz*, ob sie das Amt der Bundesrätin nicht reizen würde, sagte sie letztmals am 31. Dezember 2004: «Das kann ich heute nicht sagen.» Tatsache ist, dass ihr die Exekutive behagte. Doch auch wenn am Tag der Wahl verschiedene Parlamentarier sagten, sie hätten sichere Anzeichen dafür, dass Eveline Widmer-Schlumpf eine Wahl annehmen würde: Diese Äusserungen beruhten auf «wishfull thinking», nicht auf erhärteten Tatsachen.

Am Tag der Wahl

Wie geplant nahmen Eveline Widmer-Schlumpf und die SVP-Kantonalpräsidentin Barbara Janom Steiner am 12. Dezember 2007 kurz nach 10 Uhr den Zug von Chur nach Zürich. Für das an die Wahl anschliessende Fraktionsessen der SVP Schweiz in Bern hatten sich die beiden SVP-Politikerinnen angemeldet. An Ort und Stelle wollten sie ihr Befremden zur Sprache bringen, wie die Partei einige Bündner SVP-Parlamentarier behandle. Sowohl die langjährige Nationalrätin Brigitta Gadient als auch Nationalrat Hansjörg Hassler waren nämlich aus wichtigen Ratskommissionen entfernt worden:

weil sie nicht immer eine mit der Parteileitung übereinstimmende Haltung einnahmen.

Um 10.42 Uhr waren die Stimmzettel des zweiten Wahlgangs ausgezählt: Bei einem absoluten Mehr von 122 Stimmen hatte das eidgenössische Parlament Eveline Widmer-Schlumpf mit 125 Stimmen zum 110. Mitglied der Landesregierung gewählt. In Bern angekommen ersuchte Eveline Widmer-Schlumpf um Bedenkzeit bis am nächsten Morgen um acht Uhr.

Kurz nach der erfolgten Wahl trafen sich die anwesenden Bündner Parlamentarier im Zimmer des Ständeratspräsidenten Christoffel Brändli (SVP). Dank der gleichentags erfolgten Wahl der Bündnerin Corina Casanova zur neuen Bundeskanzlerin waren auch einige Regierungsräte aus dem Kanton Graubünden anwesend. Sie hegten Vorfreude, dass der Kanton Graubünden zwanzig Jahre nach dem Rücktritt von Leon Schlumpf wieder in der Landesregierung vertreten sein könnte. Bei langjährigen politischen Weggefährten hingegen überwog die Skepsis. Sie wussten, dass eine Annahme der Wahl ein politisch schmutziges Nachspiel haben würde und dass der Druck auf die zähe, aber gegenüber persönlichen Attacken sensible Politikerin gross wäre.

Die Annahme der Wahl und die Folgen

Am 13. Dezember 2007, kurz nach acht Uhr morgens, erklärte die 51-jährige Eveline Widmer-Schlumpf Annahme der Wahl. In ihrer kurzen Ansprache vor der Vereinigten Bundesversammlung führte sie aus: «Wenn wir in diesem Saal in

Sachfragen auch immer wieder unterschiedliche Meinungen haben – das gehört zu unserem demokratischen System, das ist gelebte Demokratie –, so lassen Sie uns doch einander stets mit Respekt und Toleranz begegnen. Das ist, davon bin ich überzeugt, die Grundlage für gute, tragfähige, politische Entscheidungen in diesem Land – in diesem Land, das wir alle lieben.»

Die Worte waren mit Bedacht gewählt. Eveline Widmer-Schlumpf beschwor die Toleranz und den Respekt – Werte, die sie hoch achtet. Und die sie auch von Andersdenkenden erwartete. Die Realität sah allerdings ganz anders aus. Sie machte Eveline Widmer-Schlumpf das Leben in den nächsten Monaten so schwer, dass es bis an die Grenze des Erträglichen ging. Nicht physisch: Ein enormer Arbeitseinsatz gehörte schliesslich schon lange zu ihrem Alltag. Sondern psychisch. «Die Androhungen, Diffamierungen und Attacken waren beispiellos», sagt sie. Sie erhielt Morddrohungen, man stellte ihr per Post ihre eigene Todesanzeige zu.

Am 4. April 2008 – der Bundesrat hatte sich für eine Retraite im von-Wattenwyl-Haus in der Berner Altstadt versammelt – wurde Eveline Widmer-Schlumpf ein Fax des SVP-Zentralvorstands überbracht. Er enthielt das Ultimatum, sie habe bis zum 11. April aus der Partei auszutreten. Andernfalls traktandiere die SVP Schweiz ihren Parteiausschluss ebenso wie jenen der SVP Graubünden. Der damalige Bundespräsident Pascale Couchepin, dem ebenfalls eine Kopie des Fax überreicht worden war, unterbrach die Sitzung, damit die perplexe Polizei- und Justizministerin die nötigen Telefonate machen konnte. Nach einer kurzen Pause setzte Couchepin die Sitzung mit den Eingangsworten fort, man habe die Situation auch im Bundesratsgremium besprochen. Und man werde ihr den Rücken stärken, wo man nur könne. «Das hat mir enorm gutgetan», sagt Eveline Widmer-Schlumpf.

Trotz der grossen Belastung nahm sie ausser der Unterstützung ihrer Familie und ihres Freundeskreises keine Hilfe in Anspruch. «Eines Tages fuhr sie alleine vor meinem Haus vor», erinnert sich Gieri Luzi, ehemaliger Parteipräsident der SVP Graubünden. Die beiden unterhielten sich bei einer Tasse Kaffee in seinem Haus in Summaprada über Gott und die Welt, über die Attacken der SVP und das, was ein Mensch aushalten kann. Luzi, der von Eveline Widmer-Schlumpfs häufigen Migräne-Anfällen wusste, machte sich ernsthafte Sorgen. Und er war nicht der Einzige.

Auch Widmer-Schlumpfs Familie machte schwierige Zeiten durch. «Ich hatte es ein paar Monate mit einer Ehefrau zu tun, die ich eigentlich gar nicht kannte, so anders war sie», sagt Ehemann Christoph. Den Kindern wurde empfohlen, abends nicht unbegleitet auszugehen. Auch sie litten unter der Veränderung der Mutter, welche die, nach ihren eigenen Worten, schwierigsten Monate ihres Lebens nur dank der bewährten Rezeptur ohne bleibenden Schaden überstand: das Vertiefen in die Arbeit.

Am 1. Juni 2008 schloss der Zentralvorstand der SVP Schweiz Eveline Widmer-Schlumpf sowie die SVP Graubünden aus. Die ehemalige SVP Graubünden wurde zur Bürgerlich-Demokratischen Partei (BDP) Graubünden. In der Folge kam es in mehreren Kantonen zu BDP-Kantonalparteigründungen. «Von da an ging es mir besser», sagt Eveline Widmer-Schlumpf, «war die Situation doch geklärt.» Fortan konnte sie sich wieder ganz auf die Arbeit konzentrieren.

Der Schatten ihres Vorgängers Christoph Blocher im Justiz- und Polizeidepartement war nicht zu übersehen. Einige von Christoph Blocher eingestellte Kaderleute waren zu ersetzen, wollte die neue Departementsvorsteherin sich doch der Loyalität ihrer engsten Mitarbeitenden sicher sein.

Einer der wichtigsten Posten war derjenige des Generalsekretärs. Vier Tage nach ihrem offiziellen Amtsantritt trennte sich Eveline Widmer-Schlumpf von Walter Eberle, der von Christoph Blocher in sein Amt berufen worden war. Eberle hatte zuvor in der Funktion des Generalsekretärs in Blochers Ems-Chemie gearbeitet. Knapp zwei Wochen später ernannte die Justizministerin die frühere Beraterin von Bundesrat Adolf Ogi, Sonja Bietenhard, zur neuen Generalsekretärin. Das stellte sich nachträglich als überstürzter Personalentscheid heraus: «Eine sehr gute Bundesratsberaterin ist nicht automatisch die richtige Besetzung für das Amt einer Generalsekretärin», sagt Eveline Widmer-Schlumpf. Per 1. Januar 2010 übernahm Jörg Gasser diese Funktion. Er kam von aussen. Der frühere Delegierte beim Internationalen Komitee vom Roten Kreuz hatte sich für die Stelle des Verantwortlichen für Auslandkontakte beworben. Eveline Widmer-Schlumpf stellte ihn im August 2008 zunächst als Zuständigen für die departementsfremden Geschäfte ein, bis sie ihm die interimistische Leitung des Bundesamts für Migration übertrug. Der damalige Stelleninhaber Eduard Gnesa, der ebenfalls während Christoph Blochers Zeiten zum Direktor ernannt worden war, war nicht gewillt, eine erneute Reform in seinem Amt durchzuführen. Der Bundesrat ernannte ihn daraufhin zum Sonderbotschafter für internationale Migrationszusammenarbeit.

Generalsekretär Gasser folgte seiner Chefin 2011 beim Wechsel ins Finanzdepartement, so auch Kommunikationschefin Brigitte Hauser-Süess. Das trug Eveline Widmer-Schlumpf den Vorwurf ein, sie habe das Justiz- und Polizeidepartement «entvölkert». Dass auch andere Departementsvorsteher bei Departementswechseln Kaderleute mitnahmen, blieb in der Öffentlichkeit hingegen weit weniger beachtet.

Hohe Anforderungen an sich und die Mitarbeitenden

Über den Umgang von Eveline Widmer-Schlumpf mit ihren Mitarbeitenden wurde viel geschrieben: über ihren angeblichen Personalverschleiss und die unzimperliche Art und Weise, Kaderleuten die Kündigung nahezulegen oder ihnen direkt zu kündigen. Ein Vorwurf, den Eveline Widmer-Schlumpf nicht gelten lassen will, zuallerletzt, was ihre Personalführung als Bundesrätin betrifft. Sie hütet sich allerdings, Interna preiszugeben, und hält sich strikt an getroffene Stillschweigevereinbarungen. Auch wenn diese zu ihren Ungunsten interpretiert werden.

Sie versucht vielmehr, den an ihre Adresse gerichteten Vorwurf auf sachliche Art und Weise zu entkräften. Als Medienschaffende und Parlamentsmitglieder wiederholt ihren angeblichen Personalverschleiss thematisierten, liess sie eine Statistik erstellen. Diese wies die Personalrochaden in jedem einzelnen Departement aus. In ihrem Bereich war die Fluktuation auf Kaderebene geringer als in anderen Departementen. Dass dieses Resultat in den Medien oder im eidgenössischen Parlament kaum aufgegriffen wurde, ärgert Eveline Widmer-

Schlumpf. Es widerspricht ihrer Vorstellung von Fairness. Denn Eveline Widmer-Schlumpf sei eine faire, wenn auch auf höchsten Einsatz pochende Chefin, sagt stellvertretend für andere Silvia Hofmann, Leiterin des Bündner Gleichstellungsbüros. Andere Meinungen lasse sie durchaus gelten. Aber sie müssten mindestens so gut begründet sein wie ihre eigenen. «Im Abwägen der verschiedenen Meinungen macht sie sich ein Gesamtbild. Das erlaubt ihr, einen Sachentscheid emotionslos zu fällen», sagt Generalsekretär Jörg Gasser. Ihr Weltbild ist stark geprägt durch die Erfahrung, dass in erster Linie aufgrund rationaler, faktentreuer und nicht dem Zufall überlassener Überzeugungskraft eine Lösung gefunden werden muss. Diese Sichtweise bereitet einigen Mitarbeitenden Mühe. Sie interpretieren dieses Faktenwissen als Kontrollmanie der Chefin. Werner Marti, Studienkollege und als ehemaliger Glarner Regierungsrat auch Amtskollege von Eveline Widmer-Schlumpf, umschreibt ihren eigenmächtigen Charakter als «Free Solo». Der Begriff aus der Kletterwelt bezeichnet die Begehung einer Kletterroute im Alleingang unter Verzicht auf technische Hilfs- und Sicherungsmittel – mit dem Risiko eines folgenschweren Absturzes.

Eveline Widmer-Schlumpf toleriert weder Indiskretionen noch Schlampigkeiten oder Handlungsweisen, die ihren ethischen Vorstellungen zuwiderlaufen. Intrigen versucht sie zu unterbinden und reagiert dezidiert, wenn sich jemand nicht daran hält. Ihre Auffassungsgabe bedingt, dass die Mitarbeitenden die Erwartungen der Chefin schnell begreifen müssen. Silvia Hofmann formuliert es so: «Eveline Widmer-Schlumpf hat ihre klaren Vorstellungen, wie die Arbeit erledigt werden muss. Wenn ein Kadermitarbeitender das nicht versteht und sich auch nicht helfen lassen will, es zu verstehen, wird es schwierig.» Fehler sind durchaus erlaubt. Aber der Versuch, sich herauszureden, zu mäandern, ist ihr zutiefst zuwider. Das Eingeständnis «Ich weiss es nicht, ich muss es abklären» ist ihr bedeutend lieber als das Reden um den heissen Brei. Ihr Führungsstil ist direkt, es geht rasch zur Sache. Ein Dossier wird zu Boden diskutiert, auch wenn das zwei Stunden in Anspruch nehmen kann.

Emotionen zur richtigen Zeit

Gemeinhin nimmt man an, Eveline Widmer-Schlumpf sei eine eher emotionslose Persönlichkeit. Sie trägt ihre Gefühle nie zur Schau. In Sachdiskussionen hätten diese tatsächlich keinen Platz, wie sie während Sitzungen auch keine persönlichen Belange ins Spiel bringe, sagt Jörg Gasser. Bei Eveline Widmer-Schlumpf habe jede Sache ihre Zeit, auch die Emotion. «Ich arbeite projektorientiert und pflege sachbezogene Kontakte», umschreibt es Eveline Widmer-Schlumpf. Schon früh habe sie sich das «24-Stunden-Prinzip» angewöhnt: «Wenn ich mich aufrege, behalte ich das für mich. Wenn die Sache mich aber auch 24 Stunden später noch stört, dann spreche ich das aus und handle danach.» Niemals tut sie den Gegnern den Gefallen, ihre Gefühlslage durch Worte oder Handlungen nach aussen zu tragen.

Emotionen haben ihren Platz, in der Öffentlichkeit behält sie sie für sich. Als Eveline Widmer-Schlumpf beispielsweise durch das Fernsehpublikum zur «Schweizerin des Jahres 2008» gewählt wurde, zeigte sie sich zwar erfreut, aber beherrscht. Dementsprechend überrumpelt sind Personen, wenn sie dann doch einmal eine gefühlvolle Eveline Widmer-Schlumpf erleben: Werner Marti, ehemaliger Glarner Regierungsrat, Nationalrat und Preisüberwacher, nimmt regelmässig an der Patrouille des Glaciers teil, dem härtesten Hochgebirgskampf der Schweiz. Vor dem Start findet jeweils eine kurze Besinnung in der Kapelle in Zermatt statt. Während der Andacht im Jahre 2010 hielt Bundesrätin Eveline Widmer-Schlumpf eine Ansprache. Danach ging sie auf den Ex-Studien- und Regierungskollegen zu und umarmte ihn. Es ist vielleicht nicht von ungefähr, dass es die Berge und ein religiös geprägter Ort sind, die eine solche persönliche Regung hervorrufen. Die den eigenen Glauben pflegende Eveline Widmer-Schlumpf liebt die Berge: Dort kann sie nach eigenen Worten ganz bei sich sein.

Anteilnahme in entscheidenden Momenten

Eveline Widmer-Schlumpf ist nicht nur enorm fordernd, sondern auch anteilnehmend und unkompliziert. Sie vergisst keinen Geburtstag, keine Geburt und keine schwere Krankheit von Mitarbeitenden. Sie schickt jedem Einzelnen zu Weihnachten ein handgeschriebenes Kärtchen. Diese Anerkennung ist nicht etwa berechnend, um sich die Loyalität der Mitarbeitenden zu sichern. Sondern sie entspricht ihrem sozialen und unhierarchischen Empfinden. Sie bringt an Abschiedsfeiern selbst gebackenen Kuchen mit. Und sie scheut sich nicht, zu später Stunde selbst an die Theke zu stehen, um den Service-Angestellten zu helfen. Anbiederung aber ist ihr zuwider. Sie lobt nicht, sondern anerkennt. «Viele ihrer Mitarbeitenden würden für sie durchs Feuer gehen», sagt Jörg Gasser übereinstimmend mit früheren Mitarbeitenden aus der kantonalen Verwaltung. Andere, die den Ansprüchen der Chefin nicht genügten oder vor allem nicht genügen wollten, kritisieren sie als harte, bürokratische und emotionslose Chefin. Eine Chefin, die sich ohne Federlesens von Kadermitarbeitenden trennt und nur einem engsten Kreis vertraut.

Für persönliche Anliegen nimmt sie sich Zeit und gibt dem Gegenüber den Eindruck, er oder sie sei momentan das Wichtigste auf der Welt. Etwa, als sie die Bündner Gemeindepräsidentinnen nach Bern einlud. Diese wollten sich nach dem gemeinsamen Mittagessen und Fotoshooting von ihr verabschieden. Abends erwartete die Regierung nämlich einen hohen Staatsbesuch zum Diner. Aber Eveline Widmer-Schlumpf liess es sich nicht nehmen, noch alle zu sich ins Büro einzuladen. Dort hing eine Abendrobe. «Wisst ihr, ich habe das Kleid im letzten Moment besorgen müssen», entschuldigte sie sich. Auch das sei eben typisch Eveline, erinnert sich eine der Besucherinnen.

Vor der Wiederwahl

Die harte Zeit nach der Wahl im Jahre 2007 hat Eveline Widmer-Schlumpf noch vorsichtiger gemacht, sie aber auch abgehärtet. «Was vielleicht nicht nur positiv ist», wie sie sagt. Sie wurde noch zurückhaltender, noch kontrollierter. Aber sie weiss heute, dass sie auch grössten psychischen Belastungen standhalten kann. Davon war sie vorher nicht mal selbst immer überzeugt. Dementsprechend gelassener gibt sie sich –

zumindest gegen aussen – im Vorfeld der eidgenössischen Wahlen und der Gesamterneuerungswahlen des Bundesrats vom 14. Dezember 2011. Sie äussert sich zu ihren Bundesratsgeschäften, nicht aber zu ihrer persönlichen Befindlichkeit. «Den Wahlausgang beeinflussen kann ich eh nicht. Ich kann mich nur bemühen, gute Arbeit zu machen», sagt sie. Gegen ihre Wahl spricht das schweizerische Konkordanzprinzip, das weniger auf die Qualität der Regierungsmitglieder als auf die wähleranteilsmässig adäquate Parteivertretung achtet.

Eveline Widmer-Schlumpf ärgert sich, wenn sie in den Medien ständig lesen muss, sie verhalte sich in verschiedenen Geschäften opportunistisch, um ihre Wahlchancen zu erhöhen. Beispielsweise beim schon erwähnten Atomausstieg, den zusätzlichen regulatorischen Bestimmungen für die Grossbanken, ihrem Einsatz gegen Steuerbetrug und schwere Steuerhinterziehung oder beim angekündigten Zwei-Milliarden-Paket zur Unterstützung der durch den überbewerteten Franken gebeutelten Wirtschaft. Sich dagegen zur Wehr zu setzen, hat sie längst aufgegeben. Mit dem angekündigten Rücktritt von Bundespräsidentin Micheline Calmy-Rey per Ende 2011 und der gestärkten «neuen Mitte» durch den Wählerzuwachs der Grünliberalen und der Bürgerlich-Demokratischen Partei sind die Positionen der Parteien im Hinblick auf die Gesamterneuerungswahl des Bundesrats noch unberechenbarer geworden. Irgendwelches Taktieren wäre daher ohnehin sinnlos.

Zum ersten Mal Grossmutter

Zweifellos übt Eveline Widmer-Schlumpf ihr Bundesratsamt gerne aus. Gleichzeitig weiss sie seit dem 13. Dezember 2007, dass es allenfalls bei einer vierjährigen Regierungszeit bleiben wird. Nicht ohne Enttäuschung, aber auch nicht mit Groll oder Wut wird sie bei einer allfälligen Abwahl ihr Pult aufräumen und gehen. Im November 2011 wird Eveline Widmer-Schlumpf zum ersten Mal Grossmutter. «Welche Aufgabe ich nach dem 1. Januar 2012 auch ausüben werde – ich werde mir immer auch Zeit nehmen für mein Enkelkind.»

Abbildungsverzeichnis

Brigitte Hauser-Süess: S. 170, 171 (unten), 174 (oben)

Christian Bovier, BDP VS: S. 176

EJPD: S. 167 (unten), 171 (oben), 172/173 (oben links), 174 (unten rechts), 175

Privatarchiv Eveline Widmer-Schlumpf: S. 161–166, 167 (oben), 168/169, 173 (oben rechts, unten)

US-Botschaft, Bern: S. 174 (unten links)